悦读季大家小书院

古汉语入门

蒋绍愚 李新建 著

新疆青少年出版社

图书在版编目（CIP）数据

古汉语入门 / 蒋绍愚, 李新建著. -- 乌鲁木齐 : 新疆青少年出版社, 2024.2
（悦读季大家小书院）

ISBN 978-7-5515-7753-3

Ⅰ. ①古… Ⅱ. ①蒋… ②李… Ⅲ. ①古汉语 - 基本知识 Ⅳ. ①H109.2

中国国家版本馆CIP数据核字（2024）第046048号

悦读季大家小书院

古汉语入门

GU HANYU RUMEN

蒋绍愚 李新建 著

出版发行	新疆青少年出版社有限公司
社　　址	乌鲁木齐市北京北路29号
电　　话	0991—6239231（编辑部）
经　　销	各地新华书店
印　　刷	三河市金泰源印务有限公司
法律顾问	王冠华 18699089007
开　　本	850mm×1168mm 1/32
印　　张	8
版　　次	2024年2月第1版
印　　次	2024年5月第1次印刷
书　　号	ISBN 978-7-5515-7753-3
定　　价	48.00元

新疆青少年出版社有限公司官网　http://www.qingshao.net

新疆青少年出版社有限公司天猫旗舰店　http://xjqss.tmall.com

CHISO 新疆青少年出版社

前　言

这本小书是为初学古汉语的青年同志写的。我们设的读者对象是：高中学生和大学低年级的学生。具有同等文化程度的中小学教师和其他读者，也可以用作自学古汉语的参考。

目前古汉语的教科书和参考书已经不少了。为了避免重复，我们不打算再对古汉语常识作一般的系统的介绍，而是努力使这本小书更加实用一些。也就是说，对于一般书上都已讲到的基本知识，我们只作了一些简要的叙述，而对初学古汉语的青年同志经常产生疑问，但在一般书上却又谈得不多的一些问题，则作为重点来谈。根据我们在高等学校从事古汉语教学的体会，解决这些问题，对于提高青年同志的古汉语水平是有帮助的。在这些问题上我们谈了自己的一些看法。这些看法都是不成熟的，谈出来的目的，是为了起到抛砖引玉的作用，同时就正于专家和广大读者。

通常人们都觉得古汉语常识比较枯燥。有没有办法把它谈得深入浅出、通俗易懂，能为更多的读者所接受呢？我们在这里作了一个尝试：采用师生对话的形式来谈古汉语常识，通过一问一答，由易及难，由浅入深，把讨论逐步引向深入。这种尝试是否成功，要请广大读者来评判。

本书各讲（第一讲除外）后面都附有练习题。做这些练习题时，可能要稍微动动脑筋，如果有条件的话，最好能查阅一些有关的书籍。我们觉得，自己动手动脑来解决问题，是学习古汉语的一种基本训练。练习的答案附在全书的最后。

本书的前面几节，曾在河南师范大学函授部编辑的《函授通讯》上连载过，得到了河南师范大学许钦承先生的热情鼓励和帮助。在本书出版时，又承周祖谟先生为我们题写了书名，在此一并表示衷心的感谢。

作者

1980年10月于北京西郊

目录

第一讲　怎样学习古代汉语

陈老师是一位从事中学语文教学多年的老教师，特别对于古文的教学，更有丰富的经验。他班上的两个学生小张和小王，对古文也很感兴趣，在课下常到陈老师家里来向他请教。

有一次，小张和小王到陈老师家里去，看到陈老师书架上堆满了古书。有些书是自己看过或者听说过的，有些书，连书名也没有听说过。看着看着，小王转过脸来问陈老师。

为什么要学习古汉语

小王：陈老师，这么多古书，什么时候才能看完啊？

陈老师：古书是看不完的。在两三千年的时间里，那么多的人写了那么多的书，尽管已有许多亡佚，但保存下来的仍然非常之多，真可以说是浩如烟海啊。一个人怎么可能把这些古书都看完呢？而且，也没有必要都看。我们看古书的目的，还是古为今用，也就是说，是为了批判地继承文化遗产，为今天的社会主义建设事业服务。像你们这样的年轻人，现在主要读一些优秀的、有代表性的作品，如《诗经》《楚辞》《左传》《史记》《水浒传》《红楼梦》等等，以提高自己的文化修养；今后，如果从事古代文化的研究，当然应当读得更多一点。

小张：像《诗经》《史记》这样一些书，我在课外也看了一点，就是不大看得懂。

陈老师：那不奇怪，古代的作品是古人的思想和古代社会生活的反映，如果对古代的历史、哲学、文化等方面没有一定的了解，那是不容易读懂的。

小王：（没等陈老师说完，小王就抢着说）陈老师，这些倒还在其次，我读古书时碰到的困难，首先是有些话看不懂。

陈老师：（和蔼地说）你别着急，我正要往下说呢。确实是这样，看古书碰到的问题是多方面的，但首先遇到的拦路虎是语言文字方面的问题，也就是你所说的，古书上的话看不懂。如果连古人说的是什么意思都搞不明白，又怎么能批判地继承古代文化遗产呢？正因为这样，不管是研究古代的历史也好，哲学也好，文学也好，首先都要把古代汉语弄懂。

什么叫作古代汉语

小王：古代汉语就是古人说的话吧？

陈老师：（稍稍迟疑了一下）大致可以这样说。

小王：那古人说话都是这样"之乎者也"的吗？

小张：恐怕不是吧。我看《水浒传》里说的话就和我们说的差不多。也许早先说的是"之乎者也"，到《水浒传》时就用"的么了呢"了。

小王：（反驳说）那不见得。《促织》不是蒲松龄写的吗？那里全是"之乎者也"。

陈老师：（看着这两个学生）你们能自己动动脑筋，这很好。你们说的话也都有点道理。但要弄清楚什么叫"古代汉语"，还得从头说起。"古代汉语"是相对于"现代汉语"说的，从这方面讲，大体上也可以这么说：古人讲的话就叫古代汉语。但我国有四五千年的历史，在这么长的时间里，汉语也是在不断变化的。最早的汉语是什么样子的，没有文字记载下来，我们也就无从知道了。现在我们能看到的文字材料，最早的是甲骨文，那是商代的东西。但甲骨文的记载都很简短零碎，今天能看到的成篇文章，主要是周代（特别是春秋战国时期）的作品，如《论语》《孟子》《左传》等。这些作品中所用的语言，是和当时的口语基本上一致的。

当然，所谓"基本一致"，并不等于"完全一致"。不论什么时候，口语和书面语总不会完全一样的。特别是在古代，书写的工具很不方便，开始是刻在龟甲牛骨上，后来是刻在竹简上，写字这么难，当然会使得用文字记录下来的语言比口语更加简短。这一点，鲁迅在《门外文谈》中就曾说到过。不过，就语法词汇来说，先秦的作品和口语基本上是一致的。到以后，书面语和口语就慢慢脱离了。一些仿古的作品还在模仿先秦两汉的语言，而口语却不断地向前发展。历代一些比较接近口语的作品，就透露出这种情况。像南朝宋时的作品《世说新语》中的语言，就和先秦两汉时很不一样。到唐宋时，一些民间文学作品和语录体作品中的语言，更和先秦两汉时不一样了。再往后，就是你们刚才说的《水浒传》中的语言了。那种语言，和我们说的话已经比较接近。我们把先秦两汉时那些作品的语言称为"文言文"，而把唐宋以后逐渐形成的那种语言叫作"古白话"。我们所说的"古代汉语"，应该包括文言文和古白话。

小王：那么，《聊斋志异》是不是属于古白话呢？《聊斋志异》不是清代蒲松龄作的吗？

陈老师：《聊斋志异》不是古白话。它虽然是清朝人写的，但用的不是当时的口语，而是模仿先秦两汉时的作品（如《左传》《史记》等）的语言，它还是文言文。所以，更准确地说，所谓文言文，是指先秦两汉的书面语言和后代作家仿古作品中的语言。我们通常所说的学习古代汉语，主要是指学习文言文。

为什么不学古白话呢？这是因为古白话和现代汉语比较接近。当然，要彻底搞清楚古白话也并不容易，像《水浒传》中有一些词还是很不好懂的。这还是今天研究的一个重要课题。但是就一般阅读来说，像《水浒传》这样的作品要读懂大概问题不大。文言文就不同了，不学，就根本看不懂。所以要花费力气来学。

小王：花力气我倒不怕。“攻城不怕坚，攻书莫畏难”嘛！为了打开我国古代文化遗产这座宝库，我决心把古汉语学好。可是，有没有什么方法可以学得快一点、好一点呢？

多读、多想、多记

陈老师：（稍稍思索了一下）依我看哪，要学好古代汉语，首先就得多读、多想、多记，离开这“三多”，是不可能学好的。

小王：我听爷爷说过，他小时候念私塾就是成天背。开始，连背的是什么内容都不知道，后来背得多了，就慢慢懂得了一些。

陈老师：是啊，从前私塾里读古文都是这么读的。这就是所谓“置之庄岳之间”的办法。这是《孟子》上的一句话。孟子给人打过一个比喻，他说：要教楚国的小孩子说齐国话，用什么办法呢？最好是让他在庄岳（齐国的街名）之间住几年。这样，即使你天天打他，让他说楚国话，他也不说楚国话而说齐国话了。这说的是环境对学习语言的重要性。我们不能再回到先秦时期去生活了，但天天读古书，也就和天天跟古人说话差不多。这样，自然而然地就能学会文言文。——不过，这种办法，显然是一种笨办法。我们今天还有许多其他的科学知识要学，怎么可能整天来背古文呢？而且，语言是一种有规律的东西，语法、词汇等方面的知识，就是人们对于语言规律的总结。我们完全应该学习和掌握这些知识，这对我们学习古汉语是很有帮助的。但是学习这些知识仍然要以多读古代的作品作为基础。在这一点上，学古汉语有点和学外语相似：学习外语，一定要学语法，要记单词，但更重要的是多听多说多看。从来没有一个人是光学语法或光背字典就学会了外语的，学古汉语也是如此。

但光是多读还不够，还要多想。我经常碰到这样的情况：两个学生，同样地在课堂上学了十来篇古文，而且对这十来篇古文都读得比较熟，能够翻译出来。但其中一个学了以后还能看懂课外的一些古文，另一个就光会这十来篇。这是什么原因呢？就因为一个是边读边想，一个是只读不想。读古文的时候，囫囵吞枣，只懂大意，不求甚解是不行的，那样往往连大意也会弄错；光记结论，只知其然而不知其所以然也是不行的，那样做的结果也往往是一知半解。举例来说，你们还记得蒲松龄的《狼》那篇文章吗？那里面有一句话说："其一犬坐于前。"你们原来是怎样理解的？

小王：我原来以为是一条狗坐在前面。这就是您所说的不求甚解，结果连大意也弄错了。

小张：我原来也不懂。后来听老师讲了，才知道这句子中的“犬”不是主语，而是名词作状语，“犬坐”就是“像狗那样坐着”。

陈老师：小张说得很对。但我还要追问一句，为什么把这句话理解成“一条狗坐在前面”就一定不可以呢？当然，从上下文看，说的都是狼，没有说狗，这是一条理由。但除此以外，从句子本身看，还有没有理由呢？

陈老师：（两个学生回答不出来。陈老师启发说）如果是“一条狗坐在前面”，那么，前面那个“其”字有什么用呢？

小张：也可以理解成“其中”吧？

陈老师：好，那就让我们来比较一些同样的句式吧。像《庄子·山木》中说，有两只雁，“其一能鸣，其一不能鸣”。苏轼《石钟山记》：“于乱石间择其一二扣之。”这里的“其”，都是“其中”的意思。在“其一”和“其一二”后面，都没有名词，也没有量词。也就是说，既不说成“其一雁”“其一二石”，更不说成“其一只”“其一二块”。这和现代汉语的表达法是很不一样的。了解了这一点，就会知道，“其一犬坐于前”这句话，即使不联系上下文，也不应该把“其一犬”连读，而只能理解成“其一（指狼）犬坐于前”。你们看是不是这样呢？

小张：啊，原来是这样。看来，读书真得动脑筋啊！

陈老师：（点点头）对了。用一句古话说，就是要能够“读书得间”。读书时要善于发现其中的问题。有了问题，又通过自己的钻研或请教别人而解决了问题，你就增长了知识。不仅学古汉语是这样，学习别的东西也是这样。

至于多记，那就不用多说了。学习古汉语，在理解的基础上还要记一些，背一些。要在脑子里装几十篇古文、几十条语法规则、几百个常用词。这就得下苦功了。当然，记忆也有一定的方法，这你们自己可以去总结。

注意古今汉语对比

陈老师：（说到这里，陈老师喝了一口水）学习古代汉语另一个重要方法是：注意古今汉语的对比。

人们常说，学习古代汉语，就像学一门外语一样。其实，这样说也对也不对。说它对，是因为古汉语和外语一样，都是一种语言，学习它们当然有一些共同规律，而且都要下苦功。说它不对，是因为古汉语虽然“古”，但它毕竟还是“汉语”。它虽然和现代汉语有种种不同，但也有很多共同之处。我们学习古代汉语，有一条很重要：既要注意古今汉语的“异”，又要注意古今汉语的“同”，这样才能学好古汉语。

古今汉语是有差异的。这种差异，有的很明显，有的不很明显。如果不注意这种差异，完全把古汉语当作现代汉语读，那就会发生错误。例如，《诗经·豳风·七月》上有一句话：“四之日举趾。”有人以为“趾”，是“脚趾”，那就理解错了。因为在古代，“趾”是“脚”而不是“脚趾”。这是没有注意到古今汉语的“异”。但古今汉语也并不是只有“异”而没有“同”的。像“山”“水”“牛”“羊”这些词，古今就没有什么变化。就是刚才所说的“趾”字，在现代汉语的一些成语中也还保留着“脚”的意思。比如“趾高气扬”这个成语中的“趾”，就是“脚”，而不是“脚趾”。这个成语出自《左传·桓公十三年》：“莫敖（楚国的官名）必败，举趾高，心不固矣。”作为成语，它直到今天还在使用。汉语就是这样一种有很强的历史继承性的语言，古代汉语中不少语法现象和词汇都还保留在现代汉语中，只要我们留点心，不难把它们找出来。这对我们学习古代汉语是很有帮助的。

我再举两个例子。第一个是《史记·齐太公世家》：“晋文公败楚于城濮。”这里的“败”是使动用法，即“使楚败”。这种语法现象古代汉语中很常见。现代汉语中不大常见了，但也还是有的。比如，高一同学和高二同学打球，最后是高二队胜高一队。这句话也可以说成“高二队败高一队”。为什么把“胜”字换成“败”字意思仍然一样呢？原因就在于“败”

是使动用法，“败高一队”就是“使高一队败”。如果我们把“胜”“败”后面的“高一队”都去掉，成了“高二队胜”和“高二队败”，这两句话的意思就正好相反了。为什么呢，就是因为“败”的宾语没有了，它的使动用法就显示不出来了。——你们看，联系现代汉语中这些很普通的话来理解什么叫“使动用法”，是不是要好理解一些呢？

第二个例子是《邹忌讽齐王纳谏》：“朝廷之臣莫不畏王。”这里的“莫”和现代汉语中的不一样，它是个否定性的无定代词，是“没有一个人”的意思。这种用法，在现代汉语中也还有保留。比如，我们说：“能见到这位著名的科学家，是我莫大的荣幸。”这里的“莫”是什么意思呢？是“不”或者“不要”的意思吗？当然不是的。我们可以拿《左传·宣公二年》中“过而能改，善莫大焉”这个句子和它对比一下。“善莫大焉”就是“好事里头没有一个比它更大的了”，“莫”是“没有一个”的意思。而现代汉语中的“莫大的”这种说法，就是保留了古代汉语的词义，“莫大的荣幸”，等于说“没有一种比它更大的荣幸”。

小张：陈老师，您这一说，不但使我懂得了古代汉语的语法和词汇，而且使我对现代汉语的理解也加深了。

陈老师：是的。我们学习古代汉语，固然是为了要读懂古书，但同时，也是为了更好地理解和使用现代汉语。现代汉语是从古代汉语发展而来的，如果不懂古代汉语，对现代汉语也就不能透彻地理解。

要注意掌握古汉语词汇

小张：（说到这里，小张继续问）陈老师，您看学习古代汉语的重点是什么？有人说主要是掌握古汉语的语法，您看这样说对吗？

陈老师：语法当然是很重要的。不懂语法，一些句子就无法读懂。所以我们要努力学好。但依我看，古今汉语的语法差别不是很大，而阅读古书所遇到的障碍，往往主要是在于词汇。例如《愚公移山》中的几句："北山愚公者，年且九十，面山而居，惩山北之塞，出入之迂也，聚室而谋。"从语法角度来说，与现代汉语没有太大的差别。如果我们读不懂，主要的障碍就在于对"且""面""惩""室""谋"等词的意义不理解。因此，在词汇方面更要下功夫。要看懂《人民日报》，必须掌握一两千个现代汉语的词，同样的，学习古代汉语，也必须掌握一千多个常用词，才能读懂一般的古文。然后，在这个基础上，再进一步掌握更多的词汇，就能看一些较难的古文。可以说，阅读能力的高低，是和掌握词汇的多少有直接的关系的。

要学会使用工具书

小王:（天真地问）陈老师，我们要学多少年，才能做到读起古文来毫无困难了呢?

陈老师:（笑着）这个问题可不大好回答了。古文的难易程度也是很不一样的。浅近一些的，你们努力学一两年后就能看懂；难的，很多专家都还没有彻底弄明白。一般说来，古书涉及的面很广，往往历史、哲学、天文、地理等都涉及到。这些方面的知识，我们不可能样样具备，因此阅读时要勤翻工具书。这会帮助我们解决许多问题。就是到以后阅读能力提高了，在看古书的时候工具书也是离不了的。工具书综合了各个方面的研究成果，是我们的好老师，我们要好好地向这个老师请教。

小王:（性急地说）陈老师，下次给我们讲讲工具书吧。

小张：我看，还是请陈老师给我们系统地讲讲古汉语知识吧。（小王也表示赞同）

陈老师：系统的古汉语知识，我也不一定讲得好；再说，现在有不少讲古汉语常识的书，你们自己可以看看。我想，还是选几个题目，给你们讲点实用的东西吧。今天算是第一讲，下次接着讲第二讲。

小王、小张:（两个学生高兴地说）好极了，好极了。

他们和陈老师约定，下个星期天，还到陈老师家里来听第二讲。

第二讲　古汉语的字和音

星期天上午，刚到八点，小王和小张就到陈老师家里来了。还有一个小李，是小王的邻居，在另一所中学念书，听说陈老师要讲古汉语常识，也跟着来听。陈老师找了一块小黑板挂在墙上，写上了第二讲的题目：古汉语的字和音。

这三个学生打开笔记本，把题目抄了下来，准备听陈老师讲课。

陈老师：（先问起他们来了）我先问你们两个问题：

（一）字和词是什么关系？

（二）你们会查字典吗？

小王：字不等于词。像“黑板”，这是两个汉字，但是是一个词。——不过，这是现代汉语，古代汉语一般来说一个字就是一个词。

小张：（补充说）古汉语中也不都是一个字就算一个词。也有两个字才算一个词的，如“君子”“小人”就是。一个字是几个词的也有，如“之”字，既是动词“往”，又是代词“它”，又是助词“的”。

陈老师：小张说得很对。现代汉语中以复音词为主，古代汉语中以单音词为主，这是古今汉语很大的一个区别。但古代汉语中也有复音词。可以分为两类：

（一）单纯的复音词。构成单纯的复音词的两个字是不能拆开讲的，其中每个字只代表一个音，如“葡萄”“琉璃”“关关”（《诗经·周南·关雎》：“关关雎鸠。”）、“赳赳”（《诗经·周南·兔罝》：“赳赳武夫。”）以及“踌躇”“从容”等。这些都是单纯的复音词。

（二）合成的复音词。构成合成复音词的两个字各有自己的意义，但已经凝固成一个词。如“奔走”“百姓”“司马”，等等。这两类复音词，都是两个字构成一个词。

一个字代表几个词的情况在古汉语中就很多了。刚才小张举了一个“之”字，我们还可以举出很多来。如“朝”，又念 zhāo，又念 cháo，意思也不一样，显然是两个词。又如“尔”，又是第二人称代词，又是语气词，也是两个词。这个问题，我们下面还要进一步讲。现在，请大家回答第二个问题：你们会查字典吗？

小王：会查。《新华字典》是按音序排列的，《王力古汉语字典》是按部首排列的。

陈老师：我问的不是这个意思。我是说，你们在字典上查

到一个字以后，能看懂它的解释吗？（说着，陈老师在黑板上又抄了几个《古汉语常用字字典》中的例子）

A 组

1. 参 ⑥〔参差（cēn cī）〕长短不齐的样子。《诗经· 周南· 关雎》：“～～荇菜，左右采之。”

2. 差 ⑥〔参差（cēn cī）〕见“参”字。

B 组

1. 音（yīn）①乐音。⑥通“荫”。树荫。《左传· 文公十七年》：“鹿死不择～。”

2. 蚤（zǎo）①跳蚤。③通“早”。《韩非子· 外储说右上》：“善持势者～绝其奸萌。”

C 组

1. 反（fǎn）①翻转。②反，与“正”相对。③返回。《孟子· 公孙丑下》：“孟子自齐葬于鲁，～于齐，止于嬴。”这个意义后来写作“返”。

2. 益（yì）①水漫出来。《吕氏春秋· 察今》：“澭水暴～。”这个意义先秦多写作“益”，后来写作“溢”。

三个学生看着黑板，没有回答。

联绵字

陈老师:(指着黑板)我们先看A组。在字典里，一般都是一个字有一个音和一个释义的。但“参差”却是两个字合在一起注音和释义。为什么？这是因为“参差”这个词是不能拆成两个字读的，这两个字表示的两个音往往是双声(声母相同)或叠韵(韵相同)，两个音节合在一起，表示一个意义。这就是传统所说的“联绵字”。

对于联绵字，我们千万要注意，应当把它看作一个整体，而切不可把它拆开来，望文生义。例如，“望洋兴叹”这个成语，有人就误认为是“望着海洋发生感叹”。其实，“望洋”是个联绵字。在《庄子·秋水》中就有这个联绵字。庄子在那里讲了一个寓言，说河伯原来很骄傲，“以天下之美为尽在己”。等他见到了大海，才“望洋向若而叹”，自愧弗如了。“若”是海神的名字，“向若”就是“向着海神”。那么“望洋”是不是“望着海洋”呢？看起来很像，其实并不是，因为(一)“洋”具有“海洋”的意义是很晚的事;(二)《庄子·秋水》中的“望洋”，有的版本写作“盳洋”。崔撰注:“盳洋，犹望羊，仰视貌。”可见这个词又可以写作“望羊”。在《论衡·骨相》中又写作“望阳”。这就足以证明这是一个联绵字，把它当作“望着海洋”讲是望文生义的。

这种把联绵字拆开了讲，望文生义的情况不但现代人有，古人也有。比如，“犹豫”这个词，北齐的学者颜之推就解释错了。他引《说文》：“陇西犬子为犹”，人带了犬走，“犬好豫（预先）在人前”来回奔走，所以叫“犹豫”。又引《尔雅》：“犹如麂，善登木”，听见人声就“豫缘木”，在树上爬上爬下，认为“犹豫”一词也可能因此而来（见《颜氏家训·书证》）。他的错误是看到“犹”有反犬旁，就把它当作一种动物了。其实，在古书中“犹豫”也可以写作“犹与”“容与”，还可以倒过来说成“夷犹”。这两个字只代表两个音，“犹”和“犬”和“麂”都没有关系。又如《诗经·周南·卷耳》：“陟彼崔嵬，我马虺颓，……陟彼高冈，我马玄黄。”毛传：“玄马病则黄。”这也是注错了的。把“玄”和“黄”拆开当成两种颜色了。还是《尔雅》解释得对：“虺颓，玄黄……病也。”在《诗经·小雅·何草不黄》中还有这样的句子：“何草不黄，何日不行。……何草不玄，何人不矜。”这实际上是说，“何草不玄黄”。“玄黄”也还是“病”的意思，因为是诗歌，所以把它拆开说了。如果说“我马玄黄”是玄马因病而变黄，那么“何草不黄”“何草不玄”又怎么解释呢？可见，“玄黄”是个联绵字，它与“黑色”“黄色”都是无关的。

那么，我们怎样才能正确地了解联绵字呢？（一）要充分掌握语言材料，多比较，多分析；（二）联绵字在语音方面有个特点，掌握了这个特点有助于我们识别联绵字。联绵字的两个字之间，一般来说都有语音上的联系：它们或者是双声，就是声母相同，如“踌躇”“凛冽”；或者是叠韵，就是韵母相同，如“彷徨”“糊涂”；或者是双声兼叠韵，如“辗转”。但必须说明一点，所谓双声叠韵，要以古音为标准。如“玄黄”，照现代汉语的读法，它们既不是双声，也不是叠韵，但在古代，这两个字的声母是一样的，应该是双声。

当然，对于初学古代汉语的人来说，要根据古音来识别联绵字是很困难的，作为补救的办法，就只有勤查字典了。一般来说，字典总是吸取了前人的研究成果的。例如《古汉语常用字字典》的“犹豫”条下，就没有采用颜之推的解释，而是告诉我们，“犹豫”也可以写作“犹预”“犹与”，这样，我们就能知道“犹豫”是个联绵字。不过字典也难免有不完善的地方。例如《古代汉语词典》在“狐疑”条下说：“俗传性多疑，因以称人多疑，遇事犹豫不决。”其实这个说法是不对的。“狐疑”和“犹豫”一样，是个联绵字，这一点清朝的学者王引之早就指出来了（见王引之《经义述闻·通说上》）。

假借字

陈老师：（说到这里，陈老师稍停了一下，然后接着往下说）

现在我们来看B组，这里说“音通荫”“蚤通早”，是什么意思呢？

小王：这是假借字。

陈老师：什么叫假借？

小王：假借，就是两个字意义原来并不一样，只因为读音相同或相近，就把一个字借过来作另一个用。（他稍稍想了想又补充说）读音相同或相近，恐怕也得以古音为标准吧。

陈老师：（笑了）小王很聪明，能举一反三。他对假借字所作的解释也很对，我只是要给他改几个字，把“两个字的意义原来并不一样”改为“两个字的意义原来毫无关系”。我们看“音”和“荫”，这两个字的意义原来有什么关系呢？一点关系也没有。在“鹿死不择音”这句话中，“音”当作“荫”用，仅仅是因为读音相同。晋朝的杜预在这句话下面注解说，“音，所庥荫之处。古字声同皆相假借”，说明了这一点。“蚤”和“早”也是这样。总起来说，假借必须具备两个条件，一是两个字原来意义毫无关系，一是两个字古音相同或相近。这样的字，一个借作另一个用，就叫假借，像《离骚》：“肇锡余以嘉名。”“锡”通“赐”，“赏赐”的意思。《周易·系辞下》：“尺蠖之屈，以求信也。”“信”通“伸”，“伸展”的意思。这都是假借。“锡”和“赐”、“信”和“伸”现在念起来很不一样了，但古音都是很相近的。

小王：古人写字真随便，本该写“早”的，他也可以写成“蚤”，要是现在，语文老师就该说是写别字了。

陈老师：其实，古代的“假借”，也可以说是写别字。不过有一点和别字不同：这种“别字”多数是社会公认的。比如把“早”写成“蚤”，你这样写，他也这样写，在古书上出现不止一次，所以我们今天读起来，能知道“蚤绝”就是“早绝”。而一般所说的写别字，却是个别人随意写字，没有得到社会的承认。比如有的同学把“挑衅”写成“挑信”，这就只有他自己知道是什么意思，别人看了是不会明白的。这就不能以“我用的是假借字”来为自己辩解了。

小张：陈老师，我们老师讲课时说过，假借的定义是“本无其字，依声托事”，还说这是哪一本古书上讲的。可是“早”“荫”“赐”“伸”这些原来都有字呀，这是怎么回事呢?

陈老师：“本无其字，依声托事”这个定义是东汉许慎在《说文解字·叙》中提出来的。这句话没有错，但说得不完全，后来清代的一些学者作了补充，指出假借有两类：一类是“本无其字”的假借，一类是“本有其字”的假借。我们刚才举的都是“本有其字”的假借。“本无其字”的假借，许慎举了“令”“长”两个字作例子。清代的学者认为这两个例子不妥当，另举了一些。如朱骏声举了“朋”“来”两个字作例。“朋”字比较复杂，我们不去说它，就以“来”字为例吧。“来”这个字，小学生都认识，是“来往”的“来”。在古汉语中，“来”也是这个意思。那么为什么还说它是一个假借字呢？这是因为“来”这个字，最初是“小麦”的意思。在甲骨文中，“来”写作，你们看像不像一株小麦？《诗经·周颂·思文》：“贻我来牟。”这里的“来”还保留“小麦”的意义。“来”是小麦，“牟”是大麦。但是在汉语中还有一个动词“来”和“来牟”的“来”读音相同。这个词意义比较抽象，不像“来牟”的“来”那样可以用象形字来表达。因此人们就把“来”字借过来，用这个本来表示小麦“来”的字来表达动词“来”了。这就叫“本无其字，依声托事”。

今天一开始时小王说的三个“之”，也是“本无其字”的假借。“之”在甲骨文中作，画一个脚印踩着地面，这是给动词“之”（往）造的字。此外，在语言中还有代词“之”和助词“之”，它们都是“本无其字”的，后来人们就借用了动词“之”的字形来表达它们。虚词很多都是“本无其字”的假借。因为虚词很“虚”，不容易给它们造一个象形字或会意字，于是就只好去“借用”了。例如，《论语·宪问》：“管仲非仁者与”，这个疑问语气词“与”，就是借用原来表示“党与”的“与”，后来，为了加以区别，人们才造了另一个“欤”字，来专门表示疑问语气词。又如“莫”，甲骨文作，像太阳落在草丛中，表示天快黑了。后来借用这个字来表示无定代词“莫”（没有一个）。“其”，在甲骨文中作，像一个簸箕。后来借用这个字表示虚词“其”。虚词的“莫”和“其”一直到今天，人们都没有专门给它们造过字。

小王：陈老师，不是有一个“暮”字表示天黑吗？是不是可以说“暮”是天黑的本字？

陈老师：不是，“暮”字是后起的。在《诗经》《论语》等书中，只有“莫”没有“暮”。《诗经·齐风·东方未明》：“不夙则莫。”《论语·先进》：“莫春者，春服既成。”都不写作“暮”。从字形上看，“莫”已经有一个“日”了，还要再加一个“日”干什么呢？那是因为“莫”字既表示天黑，又借用来表示“没有一个”，它身兼二职，在使用时很容易混淆。因此，人们要设法从字形上加以区分，在“莫”字下再加一个“日”字，目的在于表示这是“日暮”的“暮”，而不是“没有一个”的“莫”。这样，这个“莫”字就专门借给虚词“莫”用了。时间一长，在人们头脑里反而形成了这样的印象：以为“莫”字本来就是表示“没有一个”的，而看到“不夙则莫”时，反而以为是假借了。“来”字也是这样，它被借用表示“来往”的“来”以后，人们又为“来牟”的“来”另造了一个“麳”字。由于文字形体的变化，后来人们逐渐看不出“来”与小麦有什么关系了，反倒认为“麳”是小麦的本字了。这都是把事情弄颠倒了。

小张：陈老师，我看到有的书上说：一个词有本义，有引申义，有假借义。是不是可以说，“莫”这个词的本义是“天黑”，它的假借义是“没有一个”？

陈老师：是有这样说的。但我不大赞成这样的说法。我想应该把你刚才说的“词”改成“字”；说“一个字有本义，有假借义”那是可以的。

今天一开始，我们就讨论了字和词的区别。简单地说，字是形体的单位，词是意义的单位，两者是不同的。平时我们说某个字有几种意义，比如说“朝”这个字有“早晨”和“朝向”两个意义，实际上只不过是表达了这样的意思：“朝”这个汉字可以用来记录汉语中“朝（cháo）”和“朝（zhāo）”这两个词。古汉语中，“蚤”这个字本来是为“蚤（跳蚤）”这个词而造的，由于假借，这个字又可以用来记录语言中“早（早晨）”这个词了。因此，我们可以说：“蚤”这个汉字，现在有了两个意义，“蚤（跳蚤）”是本义，“早（早晨）”是假借义。但就词来说，却绝不由于文字的假借而使得语言中“蚤（跳蚤）”这个词具有了“早（早晨）”的意义。所以，就词来说，我们不能说“蚤”这个词有什么假借义。同样的，“莫”字可以有假借义，“莫”这个词不能有假借义。

累增字和区别字

小张：从字形说，“莫”字应该是本字，“暮”字应该是假借字；“来”字应该是本字，“麳”字应该是假借字。这样理解对吗？

陈老师：不对。关于本字和假借字，我们可以这样来区分：凡是字形和字义一致的就叫本字，字形和字义之间找不出任何联系来的就叫假借字。同一个字，在这个意义上是本字，当它借作另一个意义时就叫假借字，所以，“莫”在表示“天黑”时就是本字，在表示“没有一个”时就是假借字。“来”字也是如此。至于说到“暮”和“麳”，它们的字形和字义是一致的，所以不是假借字。但它们和一般所说的“本字”也有所不同，因为它们是后起的。这一类字叫作“累增字”。增加了偏旁而不改变字义的后起字就叫“累增字”。下面，请大家看看C组。C组和B组有没有不同呢？

小李：C组和B组没有什么不同。我们老师说：“反”和“返”，“益”和“溢”都是假借的关系。因为古代字少，就把“反”字借作“返”用，把“益”字借作“溢”用了。这和“蚤”借作“早”用是一样的。

陈老师：那么，为什么《古汉语常用字字典》上说“蚤”和“早”是“通”，而“反”和“返”却是“这个意义后来写作

'返'" 呢？这就告诉我们，C 组和 B 组这两组字看起来相同，实际上不同。不同在哪里呢？B 组的"音"和"荫"，"蚤"和"早"之间，意义上毫无联系，所以它们是假借；C 组的"反"和"返"，"益"和"溢"之间，意义上是有联系的，所以它们不是假借。

"反"和"返"意义上的联系容易看出来：把一个东西翻过来叫"反"，走路时折回来就叫"返"。"益"字甲骨文作 ，下面一个"皿"（盛水器具），上面是满出来的水。所以，"益"的本义是"水漫出来"，《吕氏春秋·察今》："澭水暴益。"用的就是这个本义。从这个本义引申为"增益"，又引申为"利益"，都写作"益"。后来，"益"字用于引申义的多了，就在本义的"益"字上又加上三点水，写成"溢"，和表示"增益""利益"的"益"区分。

小王：那么，"溢"也是累增字了？

陈老师：是的。

小王："返"是不是累增字？

陈老师："反"本义是正反的反，增加偏旁写作"返"以后，意义就和反的本义不同了，所以它不是累增字。那么它叫作什么字呢？文字学上还有所谓的"区别字"。简单地说，区别字是为了把引申义、假借义加以区别而造的后起字。"返"字是为了把引申义和本义加以区别而造的区别字，上面我们讲的"欤"

字，也是为了把假借义和本义加以区别而造的区别字。

小王：又是引申，又是假借，又是累增字，又是区别字，有点把我搞糊涂了。它们四者之间有什么关系呢？

陈老师：累增字和区别字都是为了解决文字“兼职过多”的问题而造的后起字。文字为什么会“兼职过多”呢？有的是因为引申，如“益”，本义是“水漫出来”，引申为增益、利益；又如“反”，本义是“正反的反”，引申为返回。有的是因为假借，如“与”，本义是给与（依《说文》），假借为疑问语气词“与”；又如“莫”，本义是“天黑”，又假借为无定代词“莫”。同一个汉字表示多种意思，在使用上容易引起混淆，所以后来人们要从文字上加以区分。区分的办法不外乎两种：一种是另造区别字来表示引申义或假借义，如“返”和“欤”，而让原来的字（我们称之为“母字”）来表示本义；一种是用另造累增字来表示本义，如“溢”和“暮”，并让母字专表引申义或假借义。这种关系可以用下面的表格来说明：

	母字	区别字	累增字	母字
引申	反$_1$（正反） 引申为→	反$_2$（返回） 后写作返	益$_1$（溢） 后写作溢 引申为→	益$_2$ （利益）
假借	与$_1$（党与） 假借为→	与$_2$（语气词） 后写作欤	莫$_1$ 假借为→ （天黑） 后写作暮	莫$_2$ （无定代词）

（画完表格后又补充说）有一点应当说明：累增字一定是在原有字形上增加偏旁而成的，而区别字，除了增加偏旁以外，还可以索性另造一字。如“树”有种植、树立、树木等多种意义，“竖”就是为“树立”这个意义而造的区别字。“战”有战斗、发抖等多种意义，“颤”就是为“发抖”这个意义而造的区别字。“要”是“腰”的初文，同时“要”又有需要、邀请等意义，为了加以区别，一方面用累增字“腰”来表示其本义，另一方面又造区别字“邀”来表示“邀请”的意义，“要”字就专用于表示“需要”了。有时候，甚至可以假借另一个字来作区别字，如“春秋五伯”和“叔伯”的“伯”本用同一个字。为了区别，就借用了原来表示月魄的“霸”作区别字，写成了“五霸”。“五霸”的“霸”，从一个角度讲是假借字，从另一个角度讲，又是区别字。

古汉语的读音

陈老师讲完古汉语的字形问题后，接着讲古汉语的读音。

陈老师：关于古汉语的语音研究，是一门专门的学问，叫“音韵学”。今天我们不打算讲音韵学，主要是跟大家讲讲古书上的一些字，今天应该怎样读。

首先要说明的是，像任何事物一样，语音也是在不断发展变化的。古代的读音，和现代有很多不同。这个总的概念，我们一定要有。否则，当我们听说“玄黄”是双声联绵字时，就会困惑不解；对于一些假借的现象，也不能很好地理解。同样的，如果没有这个语音发展的概念，我们在读古诗时也会感到奇怪：为什么古代许多诗不押韵呢？其实，那不是古诗不押韵，而是因为古今语音变化，我们今天念起来不押韵了。

小李：我们老师说，念古诗时有些字的读法要改变。如杜牧的诗：“远上寒山石径斜，白云生处有人家。停车坐爱枫林晚，霜叶红于二月花。”“斜”字应念成 xiá。《离骚》：“帝高阳之苗裔兮，朕皇考曰伯庸；摄提贞于孟陬兮，惟庚寅吾以降。”“降”字应念成 hóng。“汩余若将不及兮，恐年岁之不吾与。朝搴阰之木兰兮，夕揽洲之宿莽。”“莽”应念成 mǔ。这念的就是古音吧？这样一念，确实就押韵了。

陈老师：（笑了）不但你们老师这样说，而且有些书上也是这样注的。但是，这种说法，第一是不正确，第二是没有必要。说它不正确，是因为这些读法并没有真正地反映古音。如《离骚》中的“与”和“莽”，在古代是押韵的。但是据音韵学家的研究，这两个字的韵母在古代既不是 ü，也不是 u，而大致是 a。说“莽”应读 mǔ，既不符合现代读音，也不符合古代读音，所以是错误的。那么我们要不要按古音把“莽”念成 ma 呢？这也有困难。首先是古代的声调（主要是调值）无法确定。而且，如果按古音，就势必把“与”字也按古音念，而“与”在上古是浊声母，在普通话中是没有这个浊音的。且不说音不大好发，就是照古音发出来了，又有谁能听懂呢？所以，我们说，第二是没有必要。这些地方，都应按现代汉语的读音来读。

小张：陈老师，是不是古书上所有的字都要照现代汉语的读音来读？我听有的人把《尚书·费誓》的“费”念成 bì，把“番禺”的“番”念成 pān，把“文过饰非”的“文”念成 wèn，把“王天下”的“王”念成 wàng，这样念对吗？

小王：还有，为什么“女红”的“红”不读 hóng，要读 gōng；“天姥”的“姥”不读 lǎo，要读 mǔ；“闭门不内”的“内”不读 nèi，要读 nà；这又是什么道理呢？

陈老师：你们提的这些问题，可以分为几类：

第一类，如“红”“姥”“内”等，简单地说，可以说是多音字。它们不同的读音，是用以区别不同意义的。再讲详细一点，“女红”的“红”不是“红色”的“红”，而是妇女纺织、针线之类的工作，所以必须读 gōng；“天姥”的“姥”也不是“外祖母”意思，而是老妇人的意思。“姥（mǔ）”是个会意字，“姥（lǎo）”是个形声字。这是两个音义都不同的同形字。“不内”的“内”，后来写作“纳”（“纳”就是我们上面讲的区别字），它的意义由“内外”的“内”分化而来，读音也随着分化了。所以，这些字的两个不同读音，不是古音与今音的区别，而是一个字的多种读音，就和“朝”在不同的意义上分别念 zhāo 和 cháo 一样。只不过“女红（gōng）”“天姥（mǔ）”“不内（nà）”这些音和义在现代比较少用罢了。但这些音义一般字典上都还是有的。

第二类是“文”和“王”。“文”又读（wèn），“王”又读（wàng），这叫作“读破”，这是古人用音变（主要是声调的改变）来表示词性和意义改变的一种方法。如“文（wén）”是名词，文采之意；“文（wèn）”是动词，文饰之意。“王（wáng）”是名词，君王之意；“王（wàng）”是动词，统治之意。

第三类是“费”和“番”。这些字，按古音是应该念作 bì 和 pān 的；由于语音变化，在现代读作 fèi 和 fān 了。但在一些地名和人名中还保留古读。

二、三两类这四个字，按古音是应该读作 wèn、wàng、bì、pān 的。但在今天，这些字还有没有必要按古音读呢？这就要看社会习惯了。大家知道，语言是“约定俗成”的，语音也是这样。山东的费城，以及姓费的费，现在一般都不读 bì 而读 fèi 了。这是符合语言发展规律的，我们赞成。碰到古书上的“费”字，也就没有必要再念 bì。但广东的番禺县，那里的人还把“番”念作 pān，你要改读成 fān，他们就不懂。这样，我们还得尊重本地人的习惯，作为地名“番禺”的“番”还要念成 pān。“文”和“王”也是同样的道理。现在已很少人把“文过饰非”的“文”念成 wèn 了，我们读古书时也就可以不必改读去声。而“王天下”的“王”，多数人还习惯念 wàng，我们读古书时就随着念去声。一般字典上的注音，也都是考虑了“约定俗成”的原则的。《现代汉语词典》中，“番禺”的“番”读 pān，“姓费”的“费”读 fèi，“王天下”的“王”读 wàng，“文过饰非”的“文”读 wén。所以，一般可以根据字典上的注音来读。不过要注意一点：这种情况不是固定不变的。在五十年前，如果把姓费的费读成 fèi，就会被认为读了白字。可是今天又有哪一个姓费的人自我介绍说“我姓 bì”呢？“叶公好龙”也是个例子。几十年前，老师听学生把叶公念成 yè 公，一定会纠正说，不念 yè，要念 shè。但今天的字典都承认“叶公”的“叶”念 yè 了。所以在这个问题上，我们一方面要注意语音的规范化，另一方面又要注意，当人们的语言习惯改变时，不要当“保守派”。（讲到这里，时间已十一点多了）

陈老师：今天就到此为止，下星期天再讲第三讲。

练习题

（一）指出下列句子中带△的字和括号中的字是什么关系。

1.《诗经·小雅·无羊》：“何（荷）蓑何（荷）笠。”

2.《论语·子罕》：“岁寒，然后知松柏之后彫（凋）也。”

3.《孟子·公孙丑》：“若火之始然（燃），泉之始达。”

4.《孟子· 滕文公上》:“秋阳以暴(曝)之。”

5.《史记· 滑稽列传》:“云是当为河伯妇，即聘取(娶)。”

6.《汉书· 严助传》:“孤子謕(啼)号。”

7. 陶渊明《桃花源记》:“见渔人,乃大惊,问所从来。具答之，便要(邀)还家。”

8. 柳宗元《捕蛇者说》:“貌若甚戚(慼)者。”

(二)指出下列句子中的联绵字，并说明其意义。

1. 屈原《涉江》:“佩长剑之陆离兮，冠切云之崔嵬。”

2.《史记· 樗里子甘茂列传》:“樗里子滑稽多智，秦人号曰智囊。”

3.《史记· 郦生陆贾列传》:“好读书，家贫落魄，无以为衣食业。”

4. 苏轼《前赤壁赋》:“肴核既尽，杯盘狼藉。”

(三)为下面带△的字注音并释义。

1.《礼记· 大学》:“如恶恶臭，如好好色。”

2.《诗经· 周南· 葛覃》:“葛之覃矣，施于中谷。”

3.《史记· 秦本纪》:“古之人谋黄发番番，则无所过。”

4. 杜甫《戏简郑广文》:“赖有苏司业，时时乞酒钱。”

5.《诗经· 大雅· 灵台》:“鼍鼓逢逢。”

第三讲　古代汉语的词汇

又一个星期天，陈老师给三个学生讲了第三讲：古代汉语的词汇。这一讲准备讲四个问题：（一）古今词义的异同；（二）词的本义；（三）词义的引申；（四）怎样确定句中的词义。

古今词义的异同

陈老师：首先讲古今词义的异同。大家读了一些古书，都会有这种感觉，古今汉语的词，有同有异。古今词义相同的好办，古今词义不同的就要引起注意了。

古今词义的不同，表现在哪些方面呢？

（一）是词的基本意义不同。例如“走”，古代是“跑”的意思，现代是“行走”的意思。“兵”，古代指兵器，现代指士兵。这都是大家熟知的例子。

（二）是词的意义范围不同。例如“响”，古代指回声，现代指一切声响。“臭”，古代指一切气味，包括臭气和香气，现代只指臭气。

（三）词的感情色彩不同。例如“爪牙”，古代指得力的武臣，是褒义的，现代变为贬义的了。“氛”，古代指恶气，是贬义的，到唐宋以后就变为中性的，可以指一切气氛了。

（四）词义的轻重不同，例如“祝”，古代是在神前祝祷，现代表示一般的祝愿。这是由重变轻。“恨”，古代通常表示“憾”（不满意），有时也表示“怨”。现代则表示仇恨。这是由轻变重。

这四个方面，第一方面是最主要的。后三个方面变化，多少也会影响基本意义的变化。

古今词义异同的问题，一般书上讲得较多，我们就简单地讲这些。

小王：这四个方面的不同，倒是不难懂。但我们古书读得不多，有时候，古书上的一些词与现代意义不同，但我们却发现不了。这个问题怎么解决呢？

陈老师：要解决这个问题，最主要的靠多看多记，多积累古代汉语的词汇知识，这是没有捷径可走的。但另一方面，如果我们读古书时细心一点，也会帮助我们掌握古今词义的异同。例如，古书上有两个这样的句子：

1.《尚书·洪范》：“王访于箕子。”（箕子：人名。）

2.《左传· 僖公三十二年》:“穆公访诸蹇叔。”

这两个句子中的“访”字，粗粗一看，和现代汉语没有什么不同，好像也是“访问”的意思。但是，如果我们读书时再细心一点，仔细想想：在“访”字后面为什么要有“于”字和“诸”字呢？“诸”就是“之于”，“访之于蹇叔”，这又怎么讲呢？我们再查《说文》，《说文》上说：“泛谋曰访。”也就是说，广泛地找人商议叫“访”。这样，我们就明白了：古代汉语的“访”是“咨询”的意思。“访于箕子”是向箕子咨询，“访诸蹇叔”是“向蹇叔咨询这件事”。在这种地方，就像我们在第一讲中所说的那样，不但要多读，而且要多想。多想会帮助我们发现和掌握古今词义的异同。

词的本义

下面讲第二个问题：词的本义。

我们学习古代汉语，在词汇方面碰到的困难，第一是古今意义不同，第二是古汉语中一个词有多种意义，显得头绪纷繁，不容易掌握。比如，在读古书时，会碰到很多有“责”字的句子，例如：

1.《左传· 桓公十三年》:“宋多责赂于郑。”(赂:财物。)

2.《论语· 卫灵公》:“躬自厚而薄责于人。”(对自己要求高,对别人要求低。)

3.《史记· 绛侯周勃世家》:“吏簿责条侯。”(薄责:以文簿责问。)

4.《汉书· 韩延寿传》:“痛自刻责。”

5.《新五代史· 梁家人传》:“数加笞责。”

6. 陈亮《上孝宗皇帝第一书》:“百司逃责。”

7.《战国策· 齐策》:“谁习计会,能为文收责于薛者乎?”

我们再去查《古汉语常用字字典》,就会知道,这些句子中的“责”的意思分别是:(1)索取。(2)要求。(3)询问。(4)责备。(5)责罚。(6)责任。(7)债。这些意义很纷繁,我们有没有办法以简驭繁,把它们串起来呢?这就首先要看看,这些意义之间有没有内在的联系。

这些意义之间是有联系的。《说文》:“责,求也。”“索取”(特别是索取财物)是“责”的本义。要钱财叫“责”,抽象的“要求”也叫“责”。要求别人回答就是“询问”。比询问严厉一些就是“责备”。责备付之于行动就是“责罚”。要求别人做到的事情就是“责任”。欠别人的财物,别人会来索取的就是“债”。把“责”的这七个意义画成图,用→表示它们的引申关系，那就是：

“索取”以下的六个意义，都是从“索取”这个意义产生出来的，“索取”这个意义就是“责”这个字的本义。抓住了本义，就是抓住了由此引申出来的一系列意义的纲。提纲挈领，就能把其余的意思贯串起来。

再举一个例子。比如“间”（在古书上写作“閒”），比较常见的有这几种意义：

1. 缝隙。《庄子· 养生主》：“彼节者有间，而刀刃者无厚。”

2. 中间。《论语· 先进》：“千乘之国，摄乎大国之间。”（摄：夹）

3. 间隔。徐宏祖《游黄山日记》：“枫松相间。”

4. 嫌隙。《左传· 哀公二十七年》：“故君臣多间。”

5. 离间。《史记· 项羽本纪》：“乃用陈平计间项王。”

6. 窥伺。《国语· 鲁语》：“齐人间晋之祸。”

7. 偷偷地、秘密地。《史记· 陈涉世家》：“又间令吴广之次所旁丛祠中。”

怎样掌握这些意义呢？也要先掌握它的本义。“间”的本义是“门缝”。在金文中，“间”字作，像月光从门缝中照进来。《史记·管晏列传》说晏子有一个驾车的人，替晏子赶车出去，他的妻子“从门间而窥其夫”。这个“间”就是“门缝”的意思。从门缝的意思引申为一般的缝隙。从缝隙又引申出四个意义：（1）间隔（有了缝隙就隔开了）。（2）中间（“摄乎大国之间”就是夹在大国缝隙中）。（3）嫌隙（感情上的裂痕）。（4）窥伺（从缝隙中偷看）。而从“窥伺”又引申为“偷偷地、秘密地”，从“嫌隙”又引申为“离间”（制造嫌隙）。用图表示如下。

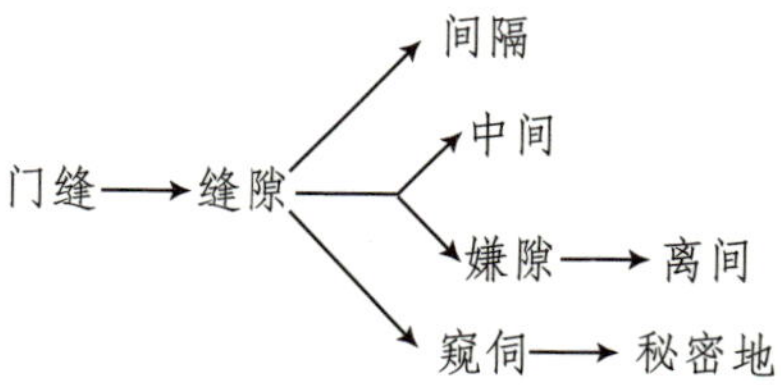

这也是用本义把一个字的多种意义贯串了起来。

小李：我还有两个问题：（一）您能不能讲讲什么叫“本义”？（二）究竟怎样来确定本义？

陈老师：这两个问题提得很好。什么叫本义？顾名思义，本义就是一个词本来的意义，或者说最早的意义。当然，我们这里说的“本来的”或“最早的”，也是相对而言的。严格地说，一个词本来的（或最早的）意义，应该是它在语言中开始产生时所具有的意义。但是，语言比文字早得多，汉语中的一些词，很早就在语言中产生了。那时的语言是个什么样子，那时这些词又是什么意义，我们现在都已无法知道了。现在我们能知道的，只是文字记载下来的汉语的情况，以及汉字所反映的词的最早的意义（或本来意义）。

怎样确定一个词的本义呢？我想，可以从两个方面来判断。

第一是看这个词的由引申而产生的各个意义之间，哪一个是引申的起点。比如看上面的图就可以知道，“索取”和“门缝”分别是“责”和“间”这两个词的各种意义的引申的起点。这就说明“索取”和“门缝”的意义比其他意义产生得都早，所以它们就是本义了。

第二是根据字形来判断。前面说过，汉字大致有两类：表意字和形声字。表意字是可以通过字形来分析它造字时的意义的。例如“间”这个字的字形就告诉我们，它是为“门缝”这个意义而造的。这就说明，至少在汉字产生的阶段，“间”这个字的本来意义就是“门缝”。形声字没有告诉我们这个字的意义，只告诉我们这个字的意义范畴。例如“责”这个字从“贝”，它告诉我们这个字的本义是属于钱财一类的。知道了这一点，再来考察“责”字的各种意义，就可以知道“索取（财物）”是它的本义，因为“责”是与钱财有关的。

根据字形来判断字的本义，是一个很有用的方法。许慎的《说文解字》就是通过分析字形来确定本义的。这部书直到今天还有很大的价值。

不过，我们应该注意一个问题：汉字有四五千年的历史，从甲骨文、金文发展到大篆、小篆，又发展为隶书、楷书，其间字形和结构都有不少变化。不言而喻，我们通过分析字形来推求本义，所依据的只能是古文字（甲骨文、金文，至少是篆文），而不能依据楷书。例如“青”字，从楷书看来是从“月”。“青”和“月”又有什么关系呢？再说，它上面的“龶”又是什么意思呢？看一看小篆就明白了。小篆中“青”作，上面是个“生”，是它的声符；下面是个“丹”，是它的意符。丹砂是古代用作颜料的一种矿物，“青”以“丹”为义符，那就很好理解了。而从小篆发展到楷书，“生”和“丹”都变了形，变得使人不可理解了。又如“射”，篆文作或，为什么“射”要从“身”从“矢”呢？《说文》解释说：“弓弩发于身而中于远也。”为什么又从“寸”呢？《说文》认为，“寸，法度也”。说得仍然叫人不明白。这时，我们就要查查甲骨文和金文了。“射”字甲骨文，金文作，原来，从甲骨文、金文变为篆文，（弓）变成了“身”，（一只手）变成了“寸”。许慎没有能见到甲骨文金文，他从已经讹变了的小篆形体去分析，就怎么也说不清了。

小李：陈老师，这么说来，为了掌握词的本义，就得先学会甲骨文了？我们不懂甲骨文，能不能掌握词的本义呢？

陈老师：当然，要想学好古汉语就得下些功夫。要透彻地了解词的本义，就非得有古文字学的知识不可。但这并不等于说不懂得甲骨文就根本无法知道词的本义。因为，汉字从甲骨文发展到楷书，字形和结构确实有了不少变化，而且这种变化没有很严格的规律可循，但是，大致的规律还是有的。了解文字演变的大致的规律，特别是汉字部首演变的规律，对我们掌握字的本义很有用。例如，楷书中作为部首的“月”，大致上有四个来源：（1）从古文字中的月（月亮）变来，（2）从古文字中的“丹”变来（如“青”），（3）从古文字中的“舟”变来（如“服”），（4）从古文字中的“肉”（金文作）变来（如“胃”“胤”“肯”“脩”等）。了解了这一点，我们就会知道“肯”“脩”等字的本义与“肉”有关。因此，当我们读到《庄子·养生主》“枝经肯綮之未尝”时，就可以知道，这里用的是“肯”的本义：骨头上的肉。在读到《论语·述而》“自行束脩以上，吾未尝不诲焉”时，就可以知道，这里也是用的“脩”的本义：干肉。又如，楷书中的部首“又”，是从古文字变来的，像一只手的形状。了解了这一点，就可以知道，“又”部的多数字与手的动作有关。“取”是如此，“叔”“受”“隻”也是如此。“叔”是一个形声字（从《说文》），它的本义是“拾”。《诗经·豳风·七月》：“九月叔苴。”（苴：jū，麻籽）。“受”在甲骨文中作，像两只手交付的样子，它的本义是授予（这个意义后来写作“授”）和接受。“隻”在甲骨文中作，像手抓住一只鸟，它是“获”的古字，后来才用来表示一隻鸟的“隻”。这些字，要透彻地理解它们的本义，当然需要根据古文字来分析；但是如果知道楷书中的部首“又”就是手，那么对它们的本义也就可以有一个大致的了解。

还有一些部首，在楷书中很近似，其实，在古文字中是差得很远的。例如左“阝”和右“阝”，在楷书中完全一样了，但在古文字中，左“阝”是“”，像一座山。从的字，其本义一般和山丘或土有关。如“降”，甲骨文作，像两个脚印，一前一后地从山上下来，所以“降”的本义应是“从高处下来”，引申为降落，又引申为投降。右“阝”在古文字中是（邑），从邑的字，其本义一般和城邑有关。如“都”“鄙”，“鄙”的本义是边远地区，如《左传·隐公元年》：“大叔命西鄙北鄙贰于己。”引申为鄙陋。如《曹刿论战》：“肉食者鄙，未能远谋。”再引申为卑鄙。又如“亻”，俗称“单立人”；“彳”，俗称“双立人”。其实两者相差很远。“亻”古文字作，是人的形状，从“亻”的字一般和人的品德、动作有关。如“何”的本义是“扛在肩上”。《诗经·小雅·无羊》：“何蓑何笠。”后来写作“荷”。“作”的本义是“站起来”，《礼记·少仪》：“客作而辞。”而“彳”古文字作，是（行，像道路）的一半。从“彳”的字其本义多与行走有关。像“循”的本义是沿着走，如《左传·昭公七年》：

“循墙而走。”“復”的本义是回来，如屈原《哀郢》：“至今九年而不復。”有的从“辶”的字也可以写成从“彳”，如“遍”可以写成“徧”，“延”可以写成“征”。这就是因为“彳”和“辶”同样是表示行走的缘故。

这些例子都说明，掌握汉字的部首，对我们了解词的本义是有帮助的。

除此以外，要了解词的本义还可以查《说文解字》。《说文解字》也是有错误的，但是瑕不掩瑜，它的许多解释，今天看来还是可信的。

小李：陈老师，上次您讲过有一种“本无其字”的假借，如“来”（来往）、“莫”（没有一个）等，它们的本义能根据字形来确定吗？

陈老师：既然是“本无其字”的假借，那就不能根据字形来确定它们的本义了。因为这个字本来不是为它造的嘛！

对这个问题，我认为应该区分字的本义和词的本义。我们说过，字和词有时是一致的，有时是不一致的。同样的，字的本义和词的本义有时是一致的，有时是不一致的。“来”和“莫”我们已讲过了，今天我们举两个别的例子。就以“难”“易”为例吧，这两个字是很常见的，但它们的本义是什么呢？《说文》：“鷬，鸟也。一作难。”“易，晰易、蝘蜓、守宫也。”根据《说文》的解释，“难”的本义是一种鸟，“易”的本义是蜥蜴。这个说法是对的，“易”字在金文中就写作，像一条蜥蜴。但“鸟”和“困难”，“蜥蜴”和“容易”有什么关系呢？这就是“本无其字”的假借。“难”和“易”都是一个字代表着不同的词：“难”字代表着“难^{1}”（鸟名）和“难^{2}”（困难）；“易”字代表着“易^{1}”（蜥蜴）和“易^{2}”（容易）。“难^{1}”和“易^{1}”，这两个词的本义是和这两个字的本义一致的，“难^{2}”和“易^{2}”这两个词的本义和“难”“易”这两个字的本义就不一致。

“难^{1}”和“易^{1}”这两个词在语言中已经消失了（就是“蜴”也不单说，一般都说的“蜥蜴”）。而“难^{2}”和“易^{2}”这两个词则是汉语中的基本词汇。这两个词也是有多种意义的，例如：

难：

① 困难。（常见，不举例。）

② 灾难。（常见，不举例。）

③ 责难，问难。《史记· 廉颇蔺相如列传》：“（赵括）尝与其父言兵事，奢不能难。”

易：

① 容易。（常见，不举例。）

② 平易。《荀子· 正论》：“上公正则下易直矣。”

③ 轻视。《史记 · 高祖本纪》:“高祖为亭长，素易诸吏。”

在这些意义中，也应该有一个是本义，其他是引申义。怎样确定它的本义呢？既然字形已经不能作为根据了，就只能从引申和被引申的关系来考虑。经过分析，可以知道它们的关系应该是这样的：

所以，“困难”和“容易”应是它们的本义。

假如有人问，“难”和“易”的本义是什么？我看应该这样回答：“难”字的本义是鸟名，“易”字的本义是蜥蜴。“难”这个词的本义是困难，“易”这个词的本义是容易。（因为在语言中“难^{1}”和“易^{1}”已经不存在了，所以我们说“难”这个词和“易”这个词，指的就是“难^{2}”和“易^{2}”）。

词义的引申

陈老师：（说到这里，稍停了停，然后接着讲） 现在讲第三个问题，词义的引申。

词义的引申，大致上有两种方式：（一）由本义引申出 a，又由 a 引申出 b，由 b 引申出 c，这样一环套一环的引申。我们把它称为“链条式的引申”。（二）由本义向不同方向引申出 a、b、c 等，我们把它称为“辐射式的引申”。下面分别举例。

（一）链条式的引申。以“和”为例。《说文》：“和，相麐也，从口禾声。”《诗经·郑风·萚兮》：“倡（唱）予和汝。”这是它的本义。由此又引申为：

a. 和谐。《礼记·乐记》：“其声和以柔。”（以：而。）

b. 掺和。杜甫《岁晏行》：“往日用钱捉私铸，今许铅锡和青铜。”

c. 连带。杜荀鹤《山中寡妇》：“时挑野菜和根煮，旋斫生柴带叶烧。”

d. 介词，连……都。秦观《阮郎归》：“衡阳犹有传书雁，郴阳和雁无。”

e. 连词，与。岳飞《满江红》：“三十功名尘与土，八千里路云和月。”

画成图就是：

应和→ a. 和谐→ b. 掺和→ c. 连带→ d. 介词“连”→ e. 连词“与”。

从这个例子可以看出，这种链条式的引申，是一环套一环扣得非常紧的。每一个环节和它前后两个环节之间意义的联系比较明显，而与其他相隔的环节之间，意义的联系就不那么明显了。如果我们不知道中间的一些环节，就很难想到“一唱一和”的“和”跟“郴阳和雁无”“八千里路云和月”的“和”有什么关系。这就给我们一种启发：有的词，它的本义和现在常用的意义之间看不出有什么联系，形成这种情况有两种可能。第一种可能是由假借而形成这种情况，如上面所举的“难”“易”。第二种可能是：现在常用的意义还是由本义引申出来的，但这个引申的中间环节已经消失（或者还没有被发现），所以我们找不到它们之间的联系。

从这个例子还可以看出，汉语中的虚词，常常是由实词虚化而产生的。当然，既然说它已发展成虚词，那它和原有的词义之间就不再是一词多义，而是几个不同的词了。但这不同的词之间还是有引申关系的，所以仍把它放到词义的引申这个题目下来讲。

（二）辐射式的引申。以“首”为例，甲骨文中“首”作，像人或动物的头。这是它的本义。由此又引申出下列意义：

a. 器物的顶端。《礼记· 曲礼》：“进剑者左首。”（首：指剑把。左首：把剑把放在左边。）

b. 其他事物的开头。《史记· 孝武本纪》：“以正月为岁首。”《文心雕龙· 镕裁》：“首尾圆合。”（首尾：指文章的开头和结尾。）

c. 首领。钟会《檄蜀文》：“还为戎首。”（戎首：兴起兵戎的祸首。）

d. 开始。《史记·项羽本纪》：“陈涉首难。”（首难：开始发难。）

e. 向着。屈原《哀郢》：“狐死必首丘。”

画成图就是：

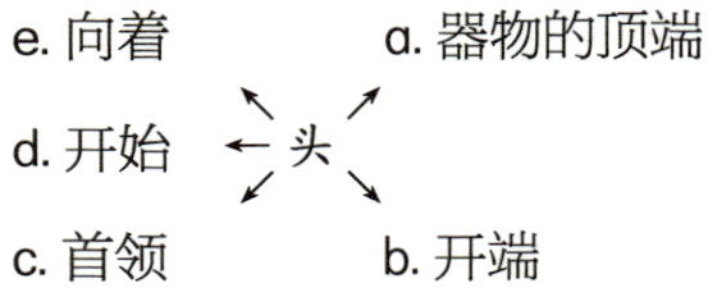

这里的每一个意义都是从本义直接引申出来的，是本义向不同方向的引申。这种引申的结果，也可以产生新的词，例如“开始”和“面向”就应该认为是新的词了。

以上两种引申方式不是截然分开的。实际上，一个词的引申，往往两种方式都有。例如上面说过的“间”，从“门缝”到“缝隙”到“嫌隙”到“离间”是链条式的，从“缝隙”到“间隔”“中间”“嫌隙”“窥伺”是辐射式的。

小李：（若有所思地插问道）陈老师，我看到有的书上说，词义引申有三种情况：扩大、缩小和转移。怎么和您讲的不一样呢？

陈老师：这是从不同的角度讲的。我这里说的是词义引申的方式；而扩大、缩小、转移说的是词义引申后产生的结果。

小李：那么，什么叫扩大、缩小、转移？像“和”“首”从本义引申出那么多的意义，是不是就是词义的扩大？

陈老师：关于扩大、缩小、转移，几乎是每一本讲词汇的书都讲到的，但讲法并不一样，我谈谈自己的看法。

我认为首先要把词义的扩大、缩小和词义的增加、减少区分开。一个词，在它的历史发展中，有时会出现一些新的词义，如“快”，古代只有高兴的意思（这个意义现在还保留着，如“人心大快”）；但后来又产生一个新的意义：跑得快的“快”。这就叫词义的增加。有时候，一些原有的意义会在语言中消失，如“慢”，古代既有“缓慢”的意义（如《诗经·郑风·大叔于田》“叔马慢忌”），又有“懒惰”的意义（如《淮南子·脩务》“偷慢懈惰”），后一个意义在现代汉语口语中已不用了，这叫词义的减少。概括地说，一个词，原来只有 a 义，后来产生了 b 义，这就是词义的增加。而原来有 a、b 两义，后来 b 义消失了，这就是词义的减少。

而词义的扩大、缩小则与此不同。我们可以这样来表述：一个词的 a 义，后来发展为 A 义，如果 a 是 A 中的一类，就是词义的扩大；反之，如果 A 是 a 中的一类，就是词义的缩小。例如，“宫”，古代一般房屋都可以叫“宫”，如《墨子·号令》:“父母妻子，皆同其宫。”它和“室”是同义词，所以《尔雅》说:“宫，室也。”“室，宫也。”到秦汉以后，“宫”就只指“宫殿”了。“宫殿”是房屋中的一类，“宫殿”这个概念的外延小于“房屋”这个概念的外延，所以这是词义的缩小。相反的，“河”在上古汉语中专指“黄河”，后来“河”泛指所有的河流，这就是词义的扩大。名词有扩大和缩小，动词也有。例如古代洗头、洗手、洗脚都有专门的词，洗头叫“沐”，洗手叫“盥”，“洗”专指洗脚。《说文》:“洗，洒足也。”《史记·郦生陆贾列传》:“于是沛公辍（chuò，停止）洗，起摄衣，延郦生上坐。”这个“洗”就指洗脚。后来“洗头”“洗手”都叫“洗”，这是词义的扩大。先秦“诏”和“告”同义，《庄子·盗跖》:“夫为人父者，必能诏其子。”并不限于帝王。到秦以后，“诏”就只能是帝主专用的了。这是词义的缩小。

一个词往往是多义的。如果全面考察一个多义词自古到今的发展，就可以看到，有的词既有词义的增加和减少，又有其中一个意义的扩大或缩小。例如“子”这一词，古代汉语中常见的有三个意义:a. 子女。b. 男子的美称。c. 古代五等爵位之一。其中 b、c 两个意义现在已消失了。这是词义的减少。在现代汉语中，“子”常见的也有三个意义:A. 儿子。B. 种子。C. 名词词尾（如燕子、钉子等）。其中 B、C 两个意义是先秦没有的，这是词义的增加。而从 a 义发展为 A 义，古今意义又有变化。古代的“子”，包括儿子和女儿。如《论语·公冶长》：“以其子妻之。”（妻之：嫁给他。）这里的“子”是女儿。现代汉语说“子”就只指儿子了。拿 a 和 A 比较，就是词义的缩小。“子”这个词从古到今的变化，可用下图表示：

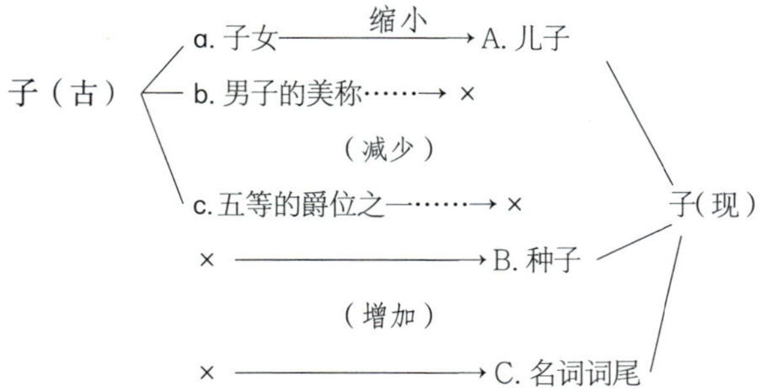

小张：陈老师，我看到有的书上讲词义扩大缩小时，还举了“脸”和“趾”的例子。“脸”在古代指面的一部分，目下颊上，后来发展为与“面”同义，这是扩大。“趾”在上古指脚，后来发展为只指脚趾，这是缩小。这也是很典型的例子啊。

陈老师：是的，经常有人举这两个例子。但是照我看，这两个词的发展情况和“河”“宫”等不一样。“宫殿”和“房屋”，“黄河”和“河流”用逻辑的术语来说，是种概念和属概念的关系。而“目下颊上”和“面”，“脚趾”和“脚”是部分和整体的关系。这两者的区别，可以用一个方法来检验：在属概念前面加上一个修饰语就可以变成种概念，如“房屋”前面加上“帝王居住的”，就成了“宫殿”；“河流”前面加上“我国北方最大的”，便成了“黄河”。而部分和整体之间则不是这种关系。所以我认为在讲词义扩大和缩小时，最好不要把“脸”“趾”包括在内。

最后我再讲讲词义的转移。例如“走”，古代指跑，现代指行走。“兵”古代指兵器，现代指用兵器的人（士兵）。“红”古代指粉红，现代指大红。也就是说，某一个词由古代的 a 义发展为现代的 A 义，而 a 和 A 是两个相近或相关的概念，这就叫词义的转移。刚才说的“脸”和“趾”古今的变化，我认为应该是词义的转移。

怎样确定句中的词义

小王：您刚才讲的，对我们掌握词义很有帮助，但我还有一个问题没有解决，我们掌握了一个词的多种意义以后，怎么知道在某一句话中用的是它的哪一个意义呢？

小张：是的，我们在看古书时遇到了难字，去查字典，有时候不知道该对哪一个号；有时似乎哪一个号也对不上。这些问题怎么解决？

陈老师：好，这就是我要讲的第四个问题：怎样确定句中词义。这个问题确实是一个相当复杂的问题，因为它牵涉到多方面的知识。古书上有些句子，历来就有不同的解释，这就说明有时候句中的词义很难确定。我们讲这个问题，并不是说有什么特别高明的办法，可以让大家能毫不费力地确定句中的词义，而只是提出几个应该注意的问题，供大家参考。要想比较好地解决这个问题，归根到底，还得在掌握古代汉语词汇、语法的基础上，对具体问题具体分析。

先说说怎样“对号”的问题。

比如，“之”这个字，在《古汉语常用字字典》中共列了4个义项：①到……去。②第三人称代词。他，她，它。③指示代词。这，此。④相当于现代汉语助词“的”，放在定语和中心语之间。而我们在读《史记·滑稽列传》这篇文章时，看到一个句子：“即使吏卒共抱大巫妪，投之河中。”你们看这句中的“之”字应该对其中的哪个号呢？

小张：应该是①。“投之河中”不是“投到河中去”吗？

小李：好像①和②都可以，我也说不准。

陈老师：（笑着说）好，那我们就把《史记·滑稽列传》再往下读。西门豹把大巫妪扔到河里后，“复以弟子一人投河中”。过了一会儿，“复投一弟子河中”。这三句话，都是说把人扔到河里，但后面两句中却没有用“之”。大家想想，后面两句话里，“扔到”的“到”是从哪里体现出来的呢？

小张：后面两句在“河中”前面都省略了介词“于”，“于”翻译成现代汉语就是“到”。

陈老师：小张说得很对。那么，在第一句里的“河中”前面是不是同样应该看作是省略了“于”呢？如果把“于”补上去，就成了“即使吏卒共抱大巫妪投之于河中”，你们看这个“之”又该怎样理解呢？

小王：我明白了。这个“之”是代词，是代大巫妪的。“投之河中”是说“把她（大巫妪）投到河里去”。“投之河中”和“投一弟子河中”的结构完全一样。

陈老师：这次小王说对了。这个例句告诉我们，确定句中的词义，首先应该结合句中的语法关系来考虑。一方面看句中这个词是什么词性，处于句中什么地位；另一方面看字典中列的这些义项又都是什么词性，可以充当什么句子成分。这两方面一结合起来，“对号”就容易得多了。为什么你们开始时理解错了呢？小张的错误是把句中的“之”理解成动词了，所以和①去对号。

其次，确定句中词义，还要注意词义的时代性。例如《汉书·尹赏传》上说，尹赏做长安令，把长安的奸猾都逮捕处死，“瘗寺门桓东”这句中的“瘗”是埋葬，“桓”是华表，查字典就可以知道。但“寺”在字典上有两个意义：①古代官署名。②寺庙。究竟应该是哪一个呢？这从语法关系上分析不出来。但如果我们知道“寺”这个词的发展历史的话，就可以知道，“寺”在先秦两汉都是官署的意思。直到东汉明帝时，佛教传入中国，以后“寺”才由官署而逐渐变成佛寺。《汉书》记的是西汉的史实，作者班固是东汉明帝时人，所以“寺”只能是官署的意思。

确定句中词义要注意的第三点是要重视语言的社会性。一个词有常用意义，也有僻义。一般说来，僻义大多是在个别场合出现过，而又很快从语言中消亡了的词义。除了一些好奇炫博的文人以外，一般人说话和写文章不大会使用僻义。也就是说，那些僻义没有广泛的社会性。所以，我们在确定句中词义时，除非有充分的根据，一般不要采用僻义。这个问题，王力先生在《训诂学上的一些问题》(《中国语文》1962年第1期)一文中说得很清楚，我不重复讲了。这里只举一个例子。屈原《离骚》中有一句话:“朝饮木兰之坠露兮，夕餐秋菊之落英。”这句话并不难懂，“落英”就是落花，“落”是“落下”的意思，与上句的“坠”相对应。但从宋朝以后，有人提出另一种解释。他们说菊花是不会落的，枯萎了也仍长在枝头上。因此这“落”不是“坠落”之义。那么究竟是什么意思呢？有人从《尔雅·释诂》中找出一个解释:“落，始也。”认为“落英”就是“始花”，初开之花。直到现在，还有人这样讲。照我看，这样讲法是忽略了语言的社会性。《离骚》中还有三处用“落”字，都很明确的是草木陨落的意思。后代许多描写菊花的句子，“落”也是陨落的意思。例如左思《蜀都赋》:“敷蕊葳蕤，落英飘飖。”

许询诗："青松凝素体，秋菊落芳英。"（详见游国恩先生《说〈离骚〉秋菊之落英》）而"落"当"始"讲的，只有《诗经·周颂》中的一例，而"始英"或"始花"这样的说法也是古往今来所没有的。（《礼记·月令》中有"桃始华"，那个"华"是动词。）所以，除非屈原故意选用僻字，否则他绝不会违反人们共同的语言习惯，把"落"字当作"始"字来使用。至于菊花究竟会不会落，以及屈原说了菊花陨落算不算错，这是生物学和文艺创作方面的问题，这里不讨论了。

下面讲另一个问题：如果哪一个号也对不上怎么办？

例如"病"字，《古代汉语词典》（商务印书馆）列了12个义项。①重病。②有病，患病。③疲倦，劳累。④苦，困乏。⑤饥饿。⑥毛病，缺点。⑦害，损害。⑧败，失败。⑨忧虑，担心。⑩难，为难。⑪怨恨。⑫辱，耻辱。我们在读古书时，会看到这样一些句子：

1.《论语·卫灵公》："在陈绝粮。从者病，莫能兴。"（兴：站起来。）

2.《孟子·公孙丑上》："宋人有闵其苗之不长而揠之者，芒芒然归，谓其人曰：今日病矣。"

3.《左传·成公二年》："郤克伤于矢。……曰：余病矣。"

4.《左传·僖公四年》："师出于陈郑之间，国必甚病。"

5. 扬雄《解嘲》："今子乃以鸱枭而嘲凤凰，……不亦病乎！"（鸱枭：猫头鹰。）

这些句子中的"病"应该对哪一个号呢？例 1 似乎应该是⑤"饥饿"之意。例 2 应该是③"疲倦，劳累"之意。例 3—例 5 呢？从上下文看，例 3 中的"病"是"伤势重"的意思，例 4 中的"病"是"元气大伤"的意思，它们好像和哪个也对不上。例 5 中的"病"不大好懂，我们到后面再讲。反正，这三个句子中的"病"，似乎哪一个号也对不上。那怎么办呢？

我们要懂得一点：一个词在不同的句子里，可能会有多种不同的意义，词典里的义项以及义项下的解释，是概括了这些意义而形成的。如果词在句子中的意义是常见的意义，就能和字典中的某一义项对上号；如果是不常见的意义，就可能对不上号。比如，你们学过《荀子·劝学》："木受绳则直，金就砺则利。"句中"砺"的意义在词典里对得上号，"就"的意义在词典里对不上号。词典里"就"不可能有"放到……磨"的意义，只有"接近，靠近"的意义。我们查词典时，只能对上"接近，靠近"这个意义，然后结合这个句子，知道"就"在这里的意义是"放到……磨"。所以，例 3—例 5 的"病"字的意义在词典里对不上号，是不奇怪的。

那么，怎样解决这个问题呢？我想，只有在深入理解词义的基础上，根据上下文灵活处理。

什么叫深入理解词义呢？我们还以“病”字为例。可以把字典上的释意和具体的例句结合起来分析比较，从例1—例4句中，我们可以体会到，古代汉语中所说的“病”，指的是极端困乏，力量接近于衰竭这样一种状况。而困乏的原因，可能是因为饥饿、劳累，也可能是因为受伤、战争，或者其他原因。这里所说的“力量”，可以是体力，也可以是国力，还可以是其他。明白了这一点，再根据具体的上下文，就可以知道“病”在例3—例5中的所指了：例3中是指“伤势很重”，例4中是指“元气大伤”，例5中是指“极端困惑”，也就是极端糊涂。

当然，我们这样说并不是主张“词无定义”。不是说同一个词在不同语句中忽而有这个意义，忽而有那个意义。我们说在具体的句子中，“病”可以指“伤势很重”“元气大伤”等，都是说的它在句中的意义，而不是说在“困乏，疲惫”之外还有“伤势很重”等义项。这是不应该误解的。同时，我们这样说更不是提倡“望文生义”。如果离开了“困乏，疲惫”这个中心意义，仅仅根据上下文来胡乱猜测，把“国必甚病”的“病”解释为“痛苦”或“危险”，那就是望文生义，那是我们坚决反对的。总起来说，我们所说的“灵活处理”，其前提必须是深入理解词义。对于初学古汉语的人来说，由于对词义的理解还不很深，过于“灵活”就往往容易出错，所以态度更应该谨慎些才好。

陈老师讲完了。在回家的路上，三个学生还在热烈地讨论着这些问题。

练习题

（一）指出下列句子中带△的词的意义，比较它们与现代汉语有何不同。

1.《老子》："甚爱必大费，多藏必厚亡。"

2.《左传·襄公二十七年》："齐崔杼生成及彊而寡。"

3. 扬雄《解嘲》："今吾子遭明盛之世，处不讳之朝。"

4. 李密《陈情表》："寻蒙国恩，除臣洗马。"

5.《孔雀东南飞》："处分适兄意，那得自任专。"

6. 柳宗元《钴鉧潭西小丘记》："唐氏之弃地也，货而不售。"

（二）指出下列各组句子中，哪一个是词的本义，哪些是词的引申义和字的假借义。

1. 固

a.《老子》："将欲翕之，必固张之；将欲弱之，必固强之。"

b.《战国策·齐策》："孟尝君固辞不往也。"

c. 贾谊《过秦论》："秦孝公据崤函之固。"

d.《列子·汤问》："汝心之固，固不可彻。"

2. 归

a.《诗经·周南·桃夭》：“之子于归，宜其室家。”

b.《论语·阳货》：“阳货欲见孔子，孔子不见，归孔子豚。”

c.《史记·廉颇蔺相如列传》：“臣请完璧归赵。”

d. 陶渊明《归去来辞》：“田园将芜，胡不归？”

3. 时

a.《论语·阳货》：“孔子时其亡也，而往拜之。”

b.《荀子·天论》：“日月递炤，四时代御。”

c.《庄子·秋水》：“秋水时至，百川灌河。”

d.《史记·淮阴侯列传》：“时者难得而易失也。”

e. 李白《梦游天姥吟留别》：“别君去兮何时还。”

4. 信

a.《老子》：“信言不美，美言不信。”

b.《论语·公冶长》：“听其言而信其行。”

c.《孟子·告子上》：“今有无名之指屈而不信。”

d.《韩非子·难一》：“舜其信仁乎？”

e.《三国志·诸葛亮传》：“将军既帝室之胄，信义著于四海。”

第四讲　词类的活用

午休了，小王和小张还在回忆着刚才在一本古代汉语书上看到的有关词类活用的一些问题。小王在想：古代汉语的词类活用挺有意思的，本来是个名词或者形容词，却可以用作动词，不但可以用作一般的动词，还可以用作特殊的动词——使动和意动……；小张也在想：词类的活用是个啥问题呢？它和一词多义有啥不同呢？在词类的活用中最值得注意的是哪些语言现象呢？词类的活用有没有规律可循呢？……想着想着便不由自主地合上了眼睛。

起床后，他们和小李一块按时来听陈老师的“古代汉语讲座”。上一次陈老师讲过了第三讲“古代汉语的词汇”，今天，陈老师准备讲第四讲“词类的活用”。这一节讲五个问题：（一）词类活用和一词多义；（二）名词用如动词；（三）使动和意动；（四）怎样判断词类活用；（五）名词用作状语。现在先讲第一个问题。

词类活用和一词多义

陈老师：古代汉语和现代汉语一样，也是可以把实词分成名词、动词、形容词、数词等许多类的，而某个词属于某一词类是比较固定的，每类词在句子里能充当什么成分也是比较固定的——有比较固定的分工。比如说，名词经常用作主语、宾语、定语，动词经常用作谓语，形容词经常用作定语、状语和谓语等，可以说这些都是它们的最基本的语法功能。但是其中有一些词，它们的语法功能可以临时改变，也就是说，可以按照一定的语言习惯灵活运用，这种灵活运用就叫作词类的活用。古代汉语的所谓词类的活用，一般是指的名词、动词、形容词按照一定的语言习惯可以灵活运用来说的。举例来说吧：

1.《荀子 · 劝学》："假舟楫者，非能水也，而绝江河。"

2. 龚自珍《病梅馆记》："以夭梅、病梅为业以求钱也。"

3.《史记 · 项羽本纪》："楚左尹项伯者，……素善留侯张良。"

"水"字本来是个名词，这里却临时充当动词作谓语了，是"凫水"（游泳）的意思，"夭"和"病"本来都是一般的动词，这里却临时用作使动了，是"使梅花早死，使梅花病残"的意思。“善”字本来是个形容词，这里却临时充当动词用了，是“和……友好”的意思。

小王：那么词类的活用和一词多义又有什么差别呢？

陈老师：那是有差别的。（一面说着一面写了几个字）

4.《史记·淮阴侯列传》：“陛下不能将兵，而善将将，此乃信之所以为陛下禽也。”

（然后他用食指轻轻地敲着桌子说）这是韩信向刘邦说的一句话。这里的“将”字就属于一词多义，而不是词的活用。因为它经常具有两种意义：作名词是“将军、将领”的意思，作动词是“统率、率领、带领”的意思。所以说，一词多义指的是一个词具有几种不同的意义，而这些不同的意义又是比较固定的，是辞典里可以查得到的，而词类的活用则是辞典里查不出来的，只有在具体的语言环境中才能反映出来。

小张：陈老师，在词类的活用中最值得注意的是哪些问题呢？

陈老师：对，我下边就准备谈谈这些问题。

在古代汉语词类活用的这一语言现象中，我们觉得最值得注意的是使动用法和意动用法。此外，像名词用如动词、名词用作状语等也很常见。下边我们就说一说名词用如动词的问题。

名词用如动词

陈老师：大家应该知道，名词用作使动和意动的都比较少，而用如一般动词的倒是比较多的。（说着便打开了一本书，读了几个例句并加以解释）：

1.《史记 · 项羽本纪》："范增数目项王。"
2.《孟子 · 滕文公上》："许子必织布然后衣乎？"
3. 柳宗元《黔之驴》："驴不胜怒，蹄之。"
4.《史记 · 廉颇蔺相如列传》："左右欲刃相如。"

这里的"目""衣""蹄""刃"应该说是名词用如动词的比较典型的例子。四者原来都是名词，用作动词后，词义也就有所改变了，具有动词的特色了："目"由名词的"眼睛"变成了动词"使眼色（以目示意）"，"衣"由名词的"衣服"变成动词"穿衣服"，"蹄"由名词的"蹄子"变成了动词"用蹄子踢"，"刃"由名词的"刀"变成了动词"用刀杀"。一般来讲，若从翻译的角度看，名词用作动词大约有这么三种情况：

甲式——名词用作动词后，译为动词加名词。用公式表示是：名→动＋名。例如："许子必织布然后衣乎？"衣→穿衣服。"衣"用作动词后，译为动词"穿"加名词"衣服"。

乙式——名词用如动词后，译为介词加名词加动词。用公式表示是：名→介 + 名 + 动。例如：“左右欲刃相如”。“刃”→用刀杀。“刃”用作动词后，译为介词“用”加名词“刀”加动词“杀”。

丙式——名词用如动词后，可以灵活地译为有关的动词。用公式表示是：名→有关的动词，例如像“目”这种情况，就可以译为“使眼色”。

这里应该说明的一点是：古代汉语，不光是普通名词可以用作动词，方位名词也常常可以用作动词。例如：“项王乃复引兵而东，至东城乃有二十八骑”“齐军既已过而西矣”。这里的“东”和“西”，用作动词后，词义也就发生了变化，由表方位的名词变成了动词“往东”“向西”了。

小王：（若有所思地问道）那么……像“衣”翻译成“穿衣服”等，这还叫名词用作动词吗？岂不是名词变成动宾词组了吗？

陈老师：（一边按着茶杯，一边望着窗外沉思了片刻说）这个问题提得很好，我们可以探讨一下。刚才我说的那三种情况，是从翻译的角度来说的，而我们研究语法，就不能以翻译作依据。比如说，“刭”这个词是不是动词呢？当然是的，谁也不会说它是个词组，但这个词怎么解释呢？用现代汉语来解释就是“割脖子”。还有“劓”“刵”等也是动词，但翻译成现代汉语就要说成“割鼻子”“割耳朵”。这是因为在古代汉语中，同是“割”这个动作，由于对象不同，就用不同的动词来表示。现代汉语和古汉语不同，只有一个统一的动词“割”，而没有与“刭”“劓”“刵”相对应的动词，因此，要翻译古代汉语的这些词时，就只能在“割”后面加上“脖子、鼻子、耳朵”等，来加以区别了。“衣”“刃”用作动词的情况也是这样，简单地说，“衣”就是“穿”，但是现代汉语中的“穿”，既可指穿衣，又可指穿鞋。如果光把古代汉语的“衣”译为“穿”，那就和“穿鞋”的“穿”分不开了，为了区分，翻译时就得在“穿”后面加个“衣服”。“刃”的情形同此。但是，如果在用作动词的“衣”后面出现了它的对象，如《孟子·滕文公上》中陈相说许子“衣褐”的时候，“衣”只要译成“穿”就可以了（“衣褐”，穿粗布衣服）。——我们刚才说：简单地说，“衣”就等于“穿”，在这里不是看得很清楚了吗？有的人不明白这一点，他以为“衣”就等于“穿 + 衣服”。当他碰到“许子衣褐”这样的句子时，还用“穿衣服”来对译第一个“衣”字，那就成了“穿衣服粗布衣服”，变得不成话了。

小李：陈老师，上边你讲的这些都是名词用如一般的动词吧？

陈老师：是的，这都是就名词用如一般的动词来说的，下边我们还要讲一讲用如特殊动词——使动和意动的问题。

使动和意动

陈老师：首先说什么叫作“使动用法”呢？动词的使动用法和动词的一般用法有什么不同？我们先不下定义，先从具体例子说起吧。比如说，有这样两个句子：

大风飞沙走石

工人搬沙运石

这两个句子的结构是一致的。第一句“大风”是主语，谓语是两个联合的动词结构：“飞沙”和“走石”，“飞”和“走”是动词，“沙”和“石”是宾语。第二句也是如此。但是从意义上来说，两个句子的动作的发出者并不相同，第二句中的“搬”和“运”是工人发出的动作，而第一句中的“飞”和“走”，却不是大风在“飞”和“走”，而是“沙”在“飞”，“石”在“走”。但是这个动作又不是“沙”和“石”主动发出的，而是“大风”使它们发出的，这句话换一种说法就是“大风使沙飞，使石走”。

“飞沙走石”这种说法，是古代汉语的使动用法在现代汉语中的残留。通过这个例子，我们可以明白，一个动词在句中不表示主语发出的动作，而表示主语使得宾语发出的动作，这就叫作动词的使动用法。

动词的使动用法在古汉语中很常见。例如：

1.《史记· 项羽本纪》：“项伯杀人，臣活之。”
2.《左传· 僖公三十年》：“焉用亡郑以陪邻？”
3. 龚自珍《病梅馆记》：“以夭梅、病梅为业以求钱也。”

这些句中加△的词都是动词的使动用法，这些动词都是不及物动词，不及物动词通常是不带宾语的，现在它们却带上了宾语，这就告诉我们，它们在句中不是用作一般的动词，而是用作使动。

在动词的使动用法中，值得注意的一点是：不及物动词用作使动时，后面的宾语有时可以省略。例如：

1.《论语· 季氏》：“远人不服而不能来也。”
2.《荀子· 天论》：“养备而动时，则天不能病。”

动词“来”和“病”，后面均省略了宾语“之”，“来之”就是“使之来”的意思，“病之”就是“使之病”的意思。这类句子和不及物动词的一般用法在形式上没有什么区别，所以要判断这类句子究竟是不是使动，主要只能凭上文的意思来看。

古代汉语及物动词用作使动的比较少见。但这种情况还是有的。例如：

1.《左传· 宣公二年》："晋侯饮赵盾酒。"

2.《论语· 微子》："止子路宿，杀鸡为黍而食之，见其二子焉。"

"饮赵盾酒"就是"让赵盾喝酒"的意思，"食之"就是"让子路吃"的意思，"见其二子"就是"使其二子拜见子路"的意思。那么怎样来判断某个及物动词是不是用作使动了呢？像上述例句中的动词，在用作使动时，后来改变了读音。如"饮"读成"yìn"，"食"读成"sì"，"见"读成"xiàn"，这还比较容易区别，但是，并不是所有的及物动词在作使动用的时候都要改变读音，那就只能分析语言环境，根据具体的上下文的意思来确定。像"天汉四年春正月，朝诸侯王于甘泉宫"，这句话里的"朝"，就用作使动词了，是"使诸侯王朝"的意思，但是"朝"的读音并没有改变嘛。

在古代汉语里，形容词也常用作使动。形容词用作使动的意思是：它使宾语所代表的人或事物，具有这个形容词的性质或状态。例如：

1.《战国策·赵策》:“今媪尊长安君之位，而封之以膏腴之地。”

2.《孟子·告子下》:“天将降大任于是人也，必先苦其心志，劳其筋骨，饿其体肤，空乏其身。”

3. 蒲松龄《促织》:“欲居之以为利，而高其值，亦无售者。”

这里的“尊”“苦”“空乏”“高”原都是形容词，但在此种语言环境里都活用为使动词了。“尊”是“使……尊”，“苦”是“使……苦”，“空乏”是“使……空乏”，“高”是“使……高”，分别是:“使长安君之位尊”“使其心志苦”“使其身空乏”“使其值高”的意思。

名词的使动用法，是指它使宾语所代表的人或事物成为这个名词所代表的人或事物。例如:

1. 韩愈《原道》:“人其人、火其书、庐其居、明先王之道以道之。”

2.《左传·襄公二十二年》:“吾见申叔，夫子所谓生死而肉骨也。”

例 1“人其人”中的前一个“人”，和“庐其居”中的“庐”，都是名词用如使动了。“人其人”是个动宾结构，就是使那些人（和尚）成为人的意思（即指使和尚还俗）；“庐其居”就是使他们的所居之处（寺庙）变成庐室（意即使和尚居住的寺庙变成一般人的住家）。例2则是一个更为典型的名词用如使动的例子。“肉骨”不是个并列结构，而是个动宾结构。“肉”这个名词这里用如使动了，是使白骨生肉的意思。在古代汉语里，像这种名词用如使动的情况还是比较少见的。

小王：陈老师，我有个问题：上面说的“臣活之”和“高其值”等，我不翻译成“使他活”和“使值高”，而翻译成“救活他”和“抬高价值”行不行呢？那样它们还是使动不是呢？

陈老师：这正说明它是使动。因为古汉语中的使动在现代汉语中可以用递系结构来表达，也可以用一个由后补式构成的复合词来表达。用“递系结构”形式来表达是“使……活”“使……高”；用后补式的动词来表达就是“救活”“抬高”（动词 + 形容词或不及物动词）。如果我们进一步分析“救活它”和“抬高价值”这样的结构，就会发现：它们的意思仍然是“救之使活”，“抬其价使高”。因此，如果我们在古文中看到一个动词或形容词可以用后补式动词来翻译的话，那就正好说明这个动词或形容词是使动用法。

懂得了使动用法，意动用法也就容易懂了。我们先来比较两个句子：

1.《荀子· 劝学》:“君子之学也以美其身。”

2.《战国策· 齐策》:“吾妻之美我者,私我也……。”

第一个句子的“美”,显然是使动,“美其身”是“使其身美”的意思,第二个句子的“美我”在结构上和“美其身”相同,但意义上却不一样,不是“使我美”而是“认为我美”。这就是“意动”。意动和使动的区别在于,使动是客观上使宾语如何,是实际上改变了宾语的状态或性质。而意动则是主观上认为宾语如何,宾语的状态和性质在实际上并没有改变。

古汉语中形容词的意动用法比较常见,例如:

1.《孟子· 尽心上》:“孔子登东山而小鲁,登泰山而小天下。”

2.《汉书· 赵充国传》:“时充国年七十余,上老之。”

3.《后汉书· 张衡传》:“大将军邓骘奇其才。”

例 1 的“小”用如意动词,该句的意思是“孔子登上东山觉得鲁国小了,登上泰山觉得天下小了”。很显然,这里只是主观上认为是如此,也就是说,是看问题的人主观上认为“鲁”和“天下”具有“小”这种属性。同理,例 2 的“上老之”,是说“上以之为老”的意思,也即是说,汉宣帝觉得赵充国老了,不中用了。例 3 的“奇其才”,是说大将军邓骘觉得张衡的才能很特殊的意思。这里的“老”和“奇”都是形容词用如意动词了。

古汉语中名词也可以用作意动。名词的意动用法，是把后边的宾语所代表的人或事物，看作这个名词所代表的人或事物。例如：

1.《公羊传 · 僖公三十三年》:“其谓之秦何？夷狄之也。”

2.《晋书 · 嵇康传》:“土木形骸，不自藻饰。”

例 1 的“夷狄之”是动词结构，“夷狄”本来是名词，是不能带宾语的，可是在这里它却带上了宾语“之”，显然是把它放在动词的位置上，用如意动了。“夷狄之”，是认为秦是夷狄的意思。例 2 中的名词“土木”也是如此，“土木形骸”，是认为自己的身体是土木的意思。再举一个大家熟悉的例子：毛泽东《沁园春 · 长沙》中的“粪土当年万户侯”，“粪土”也是名词用作意动了，是说内心里认为万户侯是粪土。

小张:（陈老师刚讲完，就插问道）是不是实词中只有名词和形容词可能有意动用法呀？动词没有吗？

陈老师:（点了点头说）是的，意动用法只限于名词和形容词的活用，动词本身是不存在意动用法的。

小李：陈老师，在学习《冯谖客孟尝君》这篇文章时，我和同学们争论过一个问题："孟尝君客我"这句话是使动还是意动？有些同学认为是使动，是"孟尝君使我成为客"，我认为是意动，是"孟尝君认为我是客"，一时相持不下。后来查了一下王力主编的《古代汉语》，那上面注解说："客我，以我为客，也就是把我当客。客，用如动词。"我就不明白，既然是"以我为客"，为什么不是意动呢？还有，那本书上《鲁仲连义不帝秦》一课也说"帝"是用如动词。"不帝秦"就是"不以秦为帝"，为什么不是意动，而是用作动词呢？

陈老师：（笑着说）你这个问题提得很好，看来你是动了脑筋的。这一类现象古书中还不少，如《论语·公冶长》："匿怨而友其人，左丘明耻之，丘亦耻之。"这里的"友"和上面所说的"客""帝"都是名词用作一般动词。不是用作使动，也不是用作意动。

为什么说不是用作使动呢？因为这些动作表示的是主语对宾语如何处置，而不是表示主语使得宾语如何如何，所以翻译成现代汉语，这几个句子却应该用处置式，即"把"字句："孟尝君把我当作客人"，"鲁仲连根据大义不把秦称为帝"，"隐藏了自己的怨恨而把那个人当作朋友"，而不应该译成递系式即"使"字句。这一点第二、第三句最明显，"帝秦"绝不是"使秦为帝"，因为秦是自称为帝的，不需要鲁仲连使它为帝。"友其人"也不是"使其人为友"，因为这是自己主动和别人交朋友，不是说使别人成为自己的朋友。第一句虽然也可以把“客我”译成“使我成为客”，但根据文章体会一下，这里着重讲的，还是孟尝君对我的态度如何（意思近似于“孟尝君客待我”。可以比较《史记·孙子吴起列传》：“田忌善而客待之。”）而不是孟尝君使我如何如何，所以它们都不是使动。那么，又为什么说不是意动呢？这也是从意义上来看的。这些句子都是表示实际的行动，而不是表示主观的意念。这一点第三个例子最明显。既然是“匿怨”，那就绝不是主观上认为“其人”是自己的朋友，而是说心里怨他，但表面上还把他当作朋友。当然，这三个动词都可以解释为“以……为……”，如“客我”是“以我为客”，“帝秦”是“以秦为帝”，“友其人”是“以其人为友”。但我们不能就以此认为它们是意动，因为古汉语中的“以……为……”有两种意义：一种是“认为……是……”，如上文所举的“夷狄之”“土木形骸”，这是意动；另一种是“把……当作……”，“客我”“帝秦”“友其人”都是这后一种，这就不是意动。

总之，如果一个名词用作动词，是表示主语对宾语如何处置，可以翻译为现代汉语“把……当作……”（而不是“认为……是……”），那就既不是使动，也不是意动，而是名词用作一般动词。除了上面举的三个例子外，《古代汉语》所选的《烛之武退秦师》一文中“越国以鄙远，君知其难也”，“既东封郑，又欲肆其西封”，这里的“鄙”“封”也是属于这一类，其他的例子我们就不多举了。一句话：要辨别是不是意动用法，就要把握住它所表示的“认为”这个意义的特点，这样就把它和表示“使令”意义的使动用法以及表示处置关系的动宾结构区别开了。

小王：陈老师，我还有个问题：刚才你说要辨别是使动还是意动，就要把握住它所表示的“认为”这个意义的特点，我觉得这只是就意义上来讲，那么要鉴别一个词是不是活用为另一类词了，在语法形式上还有什么标志没有呢？有什么规律可循没有呢？

陈老师：嗯……（考虑了一下说）大体上说还是有的。要判断哪些是词类活用，大致上说可以从整个句子的结构和那个词在句子中所处的地位来看。也就是说，要看在它的前后有哪些词类的词跟它相结合，结合以后又构成了一种什么样的句法关系以及具备了哪些语法特点等等。下面我们就名词、形容词活用为动词（包括使动、意动）的几个比较重要的语法条件简单地说一下。

怎样判断词类活用

陈老师：（一）名词放在副词的后面常常活用为动词。例如：

1. 沈括《梦溪笔谈 · 活板》:“用讫再火令药熔。”

2.《史记 · 陈涉世家》:“诸郡县苦秦吏者，皆刑其长吏，杀之以应陈涉。”

3.《左传 · 僖公三十二年》:“秦师遂东。”

例 1 的“再”，例 2 的“皆”和例 3 的“遂”都是副词，副词在句子里一般作动词或形容词的修饰语，而不能修饰名词，所以名词“火”“刑”“东”被副词修饰以后，也就具备了动词的语法特点，活用为动词了。

（二）当两个名词连用的时候，如果二者的关系既不是并列结构，又不是偏正结构，则其中一个名词活用为动词。例如：

1.《列子 · 汤问》:“北山愚公者，年且九十，面山而居。”

2.《史记 · 陈涉世家》:“范增数目项王，举所佩玉玦以示之者三，项王默然不应。”

3.《左传 · 僖公三十年》:“晋军函陵，秦军氾南。”

4.《史记 · 陈涉世家》:“乃丹书帛曰：‘陈胜王。’”

例 1 的“面”和“山”都是名词，“面山”不是“面和山”（并列结构），也不是“面的山”（偏正结构），而是“面对着山”或“面向着山”的意思。同样的道理，“目项王”的“目”，是

"以目示意（使眼色）"的意思；"军韩陵""军汜南"的"军"，是"军队驻扎"的意思；"陈胜王"的"王"是"为王"的意思。"面""目"和"军""王"都活用为动词了。

（三）名词和动词（或动词性词组）之间用"而"字联结时，名词常常活用为动词。例如：

1.《盐铁论·相刺》："不耕而食，不蚕而衣。"

2.《史记·项羽本纪》："汉败楚，楚以故不能过荥阳而西。"

3.《黄帝内经》："则而行之。"

连词"而"经常联结的是两个动词或动词性的词组，当然也可以连接形容词，但是不能用来连接名词。例1的名词"衣"，例2的方位名词"西"和例3的名词"则"（准则），都是用"而"同另一个动词性词组（"不蚕"是动词性词组，"蚕"兼有名词活用为动词的两个条件）联结而活用为动词的。"衣""西""则"分别是"穿衣""向西进军"和"遵照准则"的意思。

（四）名词后面若用介词结构作补语，而名词前又无动词时，该名词常常活用为动词。例如：

1.《左传·僖公五年》："师还，馆于虞，遂袭虞，灭之。"

2. 王安石《游褒禅山记》："唐浮图慧褒始舍于其址。"

3. 蒲松龄《狼》："一狼洞其中。"

例 1 的"馆于虞"就是"驻扎在虞国的宾馆里"。"馆"本来是名词，因为带上了补语"于虞"，就活用为动词了，是"驻宾馆"的意思。例 2 的"舍"原来也是名词，但是因为它后边带上补语"于其址"，所以活用为动词了，是"居住"的意思。例 3 的"洞其中"实际上是"洞于其中"，由于后边带上了补语"于其中"，所以名词"洞"也就活用为动词"掏洞"了。

（五）名词、形容词放在"足、能、可、欲"等能愿动词的后面，常常活用为动词。例如：

1. 林嗣环《口技》："人有百口，口有百舌，不能名其一处也。"
2. 《史记 · 甘茂列传》："寡人欲相甘茂，可乎？"
3. 《庄子 · 盗跖》："自上观之，至于子胥比干，皆不足贵也。"
4. 《荀子 · 修身》："厌其源，开其渎，江河可竭。"

因为能愿动词只修饰动词，所以例 1 和例 2 的名词"名"和"相"受能愿动词"能""欲"修饰之后，活用为动词了。"名"是"说"的意思，"相"是"拜……为相"的意思。同样的道理，例 3 和例 4 的形容词"贵"和"竭"受能愿动词"足"

和“可”的修饰，也活用为动词了。

（六）名词、形容词放在“之、我”等代词前面，常常活用为动词。这是因为在古汉语中，名词和形容词一般是不能修饰代词的。例如：

1. 胡铨《戊申上高宗封事》:“是欲臣妾我也，是欲刘豫我也。”
2. 龚自珍《病梅馆记》:“以五年为期，必复之全之。”
3.《汉书·张骞李广利传》:“既臣大夏而君之。”
4.《荀子·儒效》:“高之，下之，小之，巨之，不外是矣。”

例1中的“臣妾”“刘豫”，例3中的“君”，都是属于名词用在代词“之”或“我”的前面活用为动词的。“臣妾我”是“以我为臣妾”，“刘豫我”是“以我为刘豫”，“君之”是“统治他”。像例2中的“全”和例4中的“高、下、小、巨”都是形容词用在代词“之”的前面活用为动词的。“全之”是“使之全”，“高之、下之、小之、巨之”是“使之高、使之下、使之小、使之巨”。

（七）名词、形容词放在“所”字后面，常常活用为动词。例如：

1.《庄子·盗跖》:“世之所高，莫若黄帝。”

2. 晁错《论贵粟疏》:"故俗之所贵，主之所贱也；吏之所卑，法之所尊也。"

3.《史记· 秦始皇本纪》:"非博士官所职，天下敢有藏《诗》《书》百家语者，悉诣守尉杂烧之。"

4.《史记· 陈涉世家》:"乃丹书帛曰 :'陈胜王'，置人所罾鱼腹中。"

这里的形容词"高""贵""贱""卑""尊"和名词"职""罾"等，都是因为用在"所"字的后面而活用为动词的。"所高"就是"所推崇的"，"所贵"就是"认为高贵的"，"所贱"就是"认为低下的"，"所卑""所尊""所职""所罾"分别是"认为卑贱的""认为尊崇的"和"所掌管的""所网着的"。

关于词类活用的规律性，我们大致上说了这么七点。不过，这里我还要说明一下，以上七点只能视为名词、形容词用作动词的主要条件，它不是万能的药方，还不能概括所有的情况。在古文的阅读中，对词类活用要灵活掌握，要根据各类词的语法特点，联系上下文的意思去判断，才能达到正确理解古文的目的。

（说到这里，舒展了一下身子，接着说）在词类的活用中，还准备谈一下名词用作状语的问题。

名词用作状语

小王：陈老师，名词用作状语也能算是词类的活用吗？

陈老师：这个问题问得很有道理。本来，名词用作状语不属于词类活用的问题，因为它的词类并未发生变化（当然，也有人认为它的词类发生了变化，认为变成副词了）。但是这里为了叙述的方便，也附在词类活用这一节里讲一讲。

我们知道，在现代汉语里，一般说来只有时间名词才能作状语，普通名词用作状语的是很少见的，可是古代汉语里则不然，除了时间名词外，普通名词也都可以用作状语，而且是比较常见的。普通名词用作状语，所起的作用是多种多样的：有的是表示比喻的，有的是表示对人的态度的，有的是表示方位处所的，有的是表示工具或依据的，等等。

表示比喻的这种用法具有比较浓厚的修辞色彩，形象、生动。例如：

1.《左传·庄公八年》："豕人立而啼。"

2.《战国策·秦策》："嫂蛇行匍伏。"

3. 蒲松龄《狼》："少时，一狼径去，其一犬坐于前。"

4.《史记·循吏列传》："（子产）治郑二十六年死。丁壮号哭，老人儿啼。"

例 1“人立”的意思是“像人一样站在那儿”，“人”是名词作状语；例 2 中的“蛇行”是“像蛇一样爬行”的意思，“蛇”也是名词作状语；例 3、例 4 道理同此。大家想想看，在现代汉语的成语里，不是还保留着这种用法吗？像“龙飞凤舞”“狼吞虎咽”“星罗棋布”“土崩瓦解”等，都是嘛。

名词作状语的另一种用法是表示对人的态度的。例如：

1.《史记 · 项羽本纪》：“君为我呼入，吾将兄事之。”

2. 柳宗元《童区寄传》：“生男女，必货视之。”

3.《战国策 · 赵策》：“彼秦者，弃礼义而上首功之国也，权使其士，虏使其民。”

4.《孟子 · 万章下》：“今而后知君之犬马畜伋。”

例 1 中的“兄”，例 2 中的“货”，例 3 中的“虏”，例 4 中的“犬马”，都是名词作状语。“兄事之”是像对待兄长那样对待他，“货视之”是“像看待货物那样看待他”，“虏使其民”是“像使用俘虏那样使用他的老百姓”，“犬马畜伋”是“像畜养犬马那样畜养孔伋”。这种用法是把宾语所代表的人，当成用作状语的那个名词所代表的人或事物来看待。

名词用作状语的第三种情况是表示工具或依据的。例如：

1.《列子· 汤问》:“箕畚运于渤海之尾。”

2. 沈括《梦溪笔谈· 活板》:“每韵为一帖，木格贮之。”

3. 柳宗元《黔之驴》:“黔无驴，有好事者，船载以入。”

4.《史记· 陈涉世家》:“失期，法当斩。”

例1中的“箕畚”，例2中的“木格”，例3中的“船”和例4中的“法”，都是名词作状语修饰后边的动词，用以表示动作行为的工具或凭借的，相当于现代汉语的“用……”和“根据……”。比如“木格贮之”，就是用木格贮藏起来的意思，“法当斩”就是按照法律规定，应该杀头的意思，名词“法”作“斩”的状语，是表示依据的。

名词用作状语的第四种情况是表示方位或处所的。例如:

1.《荀子· 劝学》:“上食埃土，下饮黄泉。”

2.《史记· 廉颇蔺相如列传》:“而相如廷叱之。”

3.《汉书· 高帝纪》:“高祖以亭长为县送徒骊山，徒多道亡。”

4. 文天祥《指南录后序》:“变姓名，诡踪迹，草行露宿。”

例1中的“上”“下”都是表示方位的名词。方位名词作状语，通常是表示“向”“往”，或者表示“在……地方”和“在……方面”。“上食埃土，下饮黄泉”就是“在上面吃埃土，在下面喝泉水”的意思。例2、例3、例4中，“廷”“道”“草”“露”都是表处所的，相当于现代汉语的“在……”。“廷叱”就是“在朝廷呵叱”，“道亡”就是“在半道上逃跑”，“草行露宿”就是“在草地里行走，在露天里过夜”。

（讲到这里，看了看表）五点多了，今天就讲到这儿吧。

练习题

（一）指出下列句子中词类活用的现象。

1.《左传·成公二年》：“人不难以死免其君，我戮之不祥。”

2.《韩非子·五蠹》：“斩敌者受赏，而高慈惠之行；拔城者受爵禄，而信廉爱之说；坚甲厉兵以备难，而美荐绅之饰；富国以农，拒敌恃卒，而贵文学之士。”

3.《吕氏春秋·知度》：“人主自智而愚人，自巧而拙人。”

4.《史记·吕太后本纪》：“太尉……令平阳侯告卫尉：毋入相国产殿门。”

5.《史记·李斯列传》：“安可危也，危可安也。”

6.《史记·平津侯主父列传》：“今欲招南夷，朝夜郎，降羌僰，略濊州，建城邑，深入匈奴，燔其茏城，议者美之。”

7.《史记·游侠列传》：“（游侠）不爱其躯，赴士之厄困，既已生死存亡矣，而不矜其能，羞伐其德。”

8.《魏书·陈奇传》：“（游雅）尝众辱奇，或尔汝之。”

9. 韩愈《原道》:“今也欲治其心，而外天下国家，灭其天常，子焉而不父其父，臣焉而不君其君，民焉而不事其事。孔子之作《春秋》也，诸侯用夷礼则夷之，进于中国，则中国之。”

10. 杜牧《阿房宫赋》:“鼎铛玉石，金块珠砾，弃掷逦迤。秦人视之，亦不甚惜。”

（二）指出下列句子中名词作状语的现象。

1.《韩非子 · 五蠹》:“山居而谷汲者，膢腊而相遗以水。”

2.《史记 · 范雎蔡泽列传》:“（范雎）坐须贾于堂下，置莝豆其前，令两黥徒夹而马食之。”

3.《史记 · 刺客列传》:“范、中行氏皆众士遇我，我故众人报之。至于智伯，国士遇我，我故国士报之。”

4. 贾谊《过秦论》:“天下云集响应，赢粮而景从。”

第五讲　古代汉语的虚词（上）

这一天是第五个星期天，陈老师给三个学生讲第五讲：古代汉语的虚词。

陈老师：首先要说明一点：古代汉语的虚词包括代词、副词、介词、连词、助词、语气词。这和现代汉语的概念不完全一样。在现代汉语中，代词是归在实词里的（有些书把副词也归入实词），而古代汉语的代词归在虚词中。这倒不是由于古代汉语的代词与现代汉语代词的语法功能有什么不同，而仅仅是由于沿袭传统的说法。按照传统的说法，代词是算在虚词里边的。例如清代学者王引之的《经传释词》和近人杨树达的《词诠》都是专门讲虚词的书（他们所说的“词”就是指虚词），里面收的词就都包括代词。

古代汉语的虚词是学习古汉语的重点之一，也是难点之一。因为虚词出现的频率很高，在阅读古书时经常会碰到它。同时，虚词表达的是语法关系，如果对虚词理解得不正确，整个句子就会理解错。所以，掌握虚词非常重要。而古汉语的虚词又比较复杂，初学的人往往感到不好掌握。所以说它又是一个难点。但我们要学好古汉语，就要知难而进，下决心攻克这一关。

小王：真的，我们都感觉虚词特别难。陈老师，您给我们讲讲虚词的用法吧。

陈老师：关于虚词的用法，有一些专门的书。例如杨树达的《词诠》、吕叔湘的《文言虚字》都是比较好的著作，大家可以找来看一看。现在也有不少古代汉语虚词词典，大家可以查看。我这里就不一个一个讲了。我想，今天先一般地讲讲掌握古汉语虚词应注意的问题，下一次再重点地讲几个虚词。大家看这样好不好？

（三个学生都表示赞成，陈老师就开始讲了）

陈老师：我们都说古代汉语的虚词比较难。但是，究竟难在哪里呢？对于这个问题要作点分析。如果知道了难点在哪里，在平时对这些地方多加注意，慢慢地就可以变难为不难了。

我想，难点大致在三方面：（一）有的古汉语虚词有多种意义和用法，还有的虚词容易误认为是实词；（二）有的虚词古今意义不同，用法不同，甚至虚实不同；（三）有的古汉语虚词，在现代汉语中没有完全相对应的词，因此不好掌握。下面，就针对这三个方面，讲应当注意的三个问题。

注意虚词的多种意义和用法

陈老师：首先，应该注意虚词的多种意义和用法。

古汉语的虚词，往往有多种意义和用法，有的还相当复杂。例如“其”字常见的就是这么几种：

1. 第三人称代词，他（她、它）的。《论语· 先进》：“孔子以其兄之子妻之。”

2. 指示代词，那。《史记· 项羽本纪》：“今欲举大事，将非其人不可。”

3. 指示代词，其中的。苏轼《石钟山记》：“于乱石间择其一二扣之。”

4. 时间副词，将。《尚书· 微子》：“今殷其沦丧。”

5. 假设连词，如果。《荀子· 劝学》：“兰槐之根是为芷，其渐之滫，君子不近，庶人不服。”

6. 句中语气词，表示推测。《左传· 僖公五年》：“谚所谓‘辅车相依，唇亡齿寒’者，其虞虢之谓也。”

7. 句中语气词，表示反问或疑问。《左传· 僖公五年》：“一之谓甚，其可再乎？”《列子· 汤问》：“其如土石何？”

8. 句中语气词，表示命令或期望。欧阳修《五代史伶官传序》：“尔其无忘乃父之志！”《左传· 僖公三十年》：“吾其还也！”

大家看，同一个“其”字，既是代词，又是副词、连词和语气词，按说，它应该是四个词，但是，出现在书上的，却是同一个汉字，在具体的句子中，它究竟是代词还是语气词，是语气词又表示什么语气，就需要我们根据上下文仔细区分了。

还有一些常见的文言虚字，同时又是实词。例如我们在上一讲中举过的“之”字就是这样。作为人称代词和助词的“之”是虚词；而作为动词“到……去”的“之”就是实词。它们也是不同的词，但都写成同一个汉字。

再如“以”字，这是大家比较熟悉的一个虚词。它常见的用法有四种。

1. 介词，表示工具。用，凭借。《孟子· 滕文公上》：“许子以釜甑爨，以铁耕乎？”

2. 介词，表示原因。由于。《论语· 卫灵公》：“君子不以言举人，不以人废言。”

3. 介词，表示时间。《史记· 孟尝君列传》：“文以五月五日生。”（文：孟尝君田文）

4. 连词，相当于“而”。《礼记· 乐记》：“治世之音安以乐……，乱世之音怨以怒。”

但是，古书中还有这样的句子：

5. 屈原《九章 · 涉江》:“忠不必用兮贤不必以。”

6.《列子 · 周穆王》:“宋人执而问其以。”

7.《战国策 · 齐策》:“皆以美于徐公。”

这些“以”又是什么意思呢?显然这些“以”就不是虚词了。例 5 中的“以”是动词“用”。例 6 中的“以”是名词“原因”。例 7 中的“以”是动词“认为”。

小李:陈老师,同一个字,又是虚词,又是实词,而且具有那么多意义,它们之间有没有什么内在的联系呢?

陈老师:虚词和实词用同一个字形的,大致有两种情况。(一)虚词是由这个实词虚化而成的,例如上面所说的名词“以”(原因)和介词“以”(由于)之间,动词“以”(用)和介词“以”(用)之间,就是这种关系。又如动词“用”(不用贤则亡)和介词“用”(用财自卫),动词“把”(把酒问青天)和介词“把”(“把酒喝了”)也都是这种关系。(二)虚词和实词之间意义上毫无关系,虚字是“本无其字”的假借。例如动词“之”和代词“之”,动词“何”(担负,后来写作“荷”)与疑问词“何”,名词“耳”和语气词“耳”,都是属于这种情况。

至于同属虚词,而又有多种意义的,彼此间关系也不一样。例如人称代词“其”和指示代词“其”之间,意义显然是有联系的。表示工具的“以”和表示原因的“以”，其间也有相通之处。但副词“其”和连词“其”之间就看不出有什么联系了，它们应该是两个不同的词。

（说到这里，稍停了一会，然后接着说）一个虚词，有多种意义，这会给我们阅读古书带来困难。但这个困难，只要我们勤查工具书，细心捉摸上下文的意思，还是比较容易解决的。倒是下面两种情况，很值得注意：

（一）古书上有些虚词是可以通用的。例如“以”可以当作“与”用，反过来，“与”也可以当作“以”用。“与”可以当作“为”用，反过来，“为”也可以当作“与”用。如果我们不了解这种情况，就会把句子理解错。

例如，《论语·微子》中记载，有一次孔子的学生子路碰到两个隐士，那隐士对子路说：“滔滔者，天下皆是也，而谁以易之。”这个句子，很容易误认为是“凭谁来改变它”的意思，其实不是。这里的“以”用法同“与”，整句的意思是“（你）和谁一起去改变它？”这是“以”用作“与”。

而《礼记·玉藻》：“大夫有所往，必与公士为宾也。”这里的“宾”是宾介的“宾”，是古代贵族相见时传宾主之言的人。这句话的意思是说，大夫到别国去聘问，必定要以公士为宾介。这是“与”用作“以”。

又如荀悦《汉纪·高祖纪》：“汉王与义帝发丧。”这句话很容易误解为汉王刘邦和义帝一起发丧。但他们为谁发丧呢？再查查《史记·高祖本纪》，里面说的是“汉王闻之，袒而大哭，遂为义帝发丧”。原来《汉纪》里的“与”用作“为”，是说刘邦为义帝发丧。

而《孟子·公孙丑下》：“得之为有财，古之人皆用之。”意思是说只要制度允许和有钱，古人都实行厚葬。这里的“为”用作“与”。

这些用法，在词典上都是有的。但我们读到这些句子的时候，往往想不到它们是虚词的通用，把句子理解错了，自己还不知道。所以这种情况应当引起注意。

（二）有一些字在句中是虚词，它常见的用法是实词，因而我们容易把它们误认为实词，这样也会造成理解的错误。例如：

1.《诗经·小雅·车攻》：“不失其驰，舍矢如破。”（不失其驰：指驾车不失规矩。）

2.《诗经·郑风·野有蔓草》：“有美一人，婉如清扬。”

3.《论语·先进》：“宗庙之事，如会同，端章甫，愿为小相焉。”（端章甫：穿着礼服，戴着礼帽。）

这几句中的“如”，都很容易理解为动词“好像”。但仔细推敲一下，就会发现，这样理解是错误的。例1“舍矢如破”

句，郑笺说："矢发则中，如椎破物也。"这是所谓"增字解经"。"椎"字是注释者加上去的，而且一箭破的，为什么要说"如椎破物"呢？这也不好理解。其实，这里的"如"是连词，义同"而"。"舍矢如破"就是"舍矢而破"。根本不要加字，就能读通了。例2的"清扬"是眉清目秀的样子。把"婉如清扬"的"如"理解成"如同"显然讲不通。这里的"如"是形容词词尾，"婉如清扬"等于说"婉然清扬"。例3的"如"也不能当作"如同"讲。因为"宗庙之事"指祭祀，"会同"指诸侯会见，两者不是一回事。这里的"如"是选择性连词，义同"或"。"宗庙之事如会同"即"宗庙之事或会同"。这三个例子中的"如"，如果认为是实词，就都错了。

这种错误很容易发生。古人也有弄错的。清代学者王引之就纠正了不少古人注释中的这一类错误。这里引用两条例子。

1.《诗经·邶风·终风》："终风且暴。"毛传："终日风为终风。"韩诗："终风，西风也。"《诗经·鄘风·载驰》："许人尤之，众稚且狂。"毛传："是乃众幼稚且狂。"王引之指出，这都是解释错了的，因为《诗经》中用"终……且……"的句子很多，如"终温且惠""终窭且贫""终和且平"，等等。"终……且……"等于说"既……且……"。"终"不是"终日"的终，而是一个连词。"终……且……"也可以写成"众……且"（"众"和"终"是同音假借）。所以《载驰》一诗中的"众"也不是“众人”的意思，“众稚且狂”是说“既稚且狂”（见王引之《经传释词》卷九）。

2.《诗经·卫风·芄兰》：“虽则佩觿，能不我知。”郑笺：“其才能实不如我众臣之所知为也。”王引之指出，这种解释是错的，“能”在这里是个虚词，通“而”。“能不我知”等于说“而不我知”。翻译成现代汉语就是“却不了解我”。王引之又举《墨子·天志》：“少而示之黑谓之黑，多示之黑谓白……能少尝之甘谓甘，多尝谓苦”以及别的例子，证明古代汉语中“能”和“而”相通，是很有说服力的（见《经传释词》卷六）。

在这些地方，正如王引之所说的，如果“以实义释之”则“使其文扞格，而意亦不明”；读为虚词，就能“涣若冰释”（见《经传释词》序）。当然，初学古汉语的人不可能独立地去解决类似的问题。但是，只要我们勤查工具书，认真吸取前人研究的成果，那么，至少在前人已经指出的地方，就可以避免发生错误。

注意虚词古今的不同

陈老师：其次，我们应该注意虚词古今的不同。

上次已经讲过，古今词义是有不同的。那里主要讲的是实词。虚词同样有这个问题，也应当引起我们的注意。这里分三点谈一谈。

（一）要注意同一个字古今词性不同，意义不同。

例如“竟”字。这在现代汉语中是一个常用的副词，表示出于意外。这个字在古代汉语中也有，但意义和现代汉语不一样。如：

1.《史记·淮南衡山列传》：“今彗星长竟天，天下兵当大起。”

2.《史记·李将军列传》：“（李广）专以射为戏，竟死。”

3.《史记·平津侯主父列传》：“元狩二年，弘病，竟以丞相终。”

例 1 的“竟”显然和现代汉语不一样，它后面直接跟名词。这是一个动词，是“贯串”的意思。例 2 的“竟”，很容易误解为表意外的“竟”，其实不是。这句话说的是李广很喜欢以射箭为戏，一直到死都是如此。这个“竟”是介词，“直到……”的意思。这两个例子中的“竟”，和现代汉语的“竟”词性和意义都不同，例 3 的“竟”是副词，表示“最后”，和现代汉语的“竟”词性相同而意义不同。

这个例子对我们很有启发。“竟”的本义是音乐完了。《说文》：“乐曲尽为竟。”引申为“完了”。《晋书·谢安传》：“看书既竟。”又引申为“贯串”（从这头到那头），如上引例 1。然后虚化为介词“直到”，如上引例2。又发展为副词，表示最后，如例3。又发展为表示意外，这就是现代汉语的“竟”。把这些意义放到一起，我们可以清楚地看到这个词的发展过程。现代汉语中的“竟”，是由上引例2中的“竟”发展而来的，所以它们之间既有联系又有区别。我们在阅读时，既要看到它们的联系，更要看到它们的区别。如果忽略了它们的区别，把古汉语中的“竟”都拿现代汉语的意义来读，就会理解错了。

又如“多”字。在现代汉语中，是个形容词，表示数量多。这个意义在古汉语中也有，但在古汉语中，“多”还有别的意义。如：

1.《论语·子张》：“人虽欲自绝，其何伤于日月乎？多见其不知量也。”

2.《左传·襄公十四年》：“吾令实过，悔之何及！多遗秦禽。”

这两个句子中的“多”，就不是形容词，而是副词，“适”或“只”的意思。例1是说有人要诋毁孔子，孔子的学生说，这种人的诋毁无损于孔子，而只能表现出他自己的不自量。例2是说晋军的主帅后悔自己的命令下错了，不得不退兵，如果不退的话，就只能让秦人俘获。这两个例子中的“多”字和现代汉语的“多”比较，也是词性和意义都不同。

（二）要注意有的虚词古今词性相同而意义不同。

上面所说的古代汉语中表示“最终”的“竟”和现代汉语中表示意外的“竟”就属于这种情况。现在再举一些例子。

例如“暂”。现代汉语中的“暂”是个副词，表示短时间。古代汉语中的“暂”也是个副词，但意义与现代汉语不同。

1.《史记·李将军列传》：“广……暂腾而上胡儿马。”

2. 江淹《别赋》：“暂游万里，少别千年。”

这两个例句中的“暂”，第一个显然和现代汉语不同。它是突然、一下子的意思。这是个情态副词，现代汉语的“暂”是时间副词，两者属于不同的小类。例 2 的“暂”和现代汉语是否一样呢？粗粗一看，好像是一样的，其实不然。为什么呢？因为现代汉语中的“暂”，总是以现时和将来对比，表示现在这样，将来就不这样。“暂停”是停一会儿以后又继续进行。“暂住”是住一会儿后就不住了。而《别赋》中说的“暂游”，和下一句“少别”相对。意思只是说游一会儿，而没有将来不游的意思。所以这句话是不能翻译成“暂时出游”的。像这样一些古今意义存在细微差别的虚词，很值得我们注意。

当然，虚词还有古今意义差别很大的。例如副词“仅”，一般是言其少，但在唐代时可以言其多。例如杜甫《泊岳阳城下》:“江国逾千里，山城仅百层。”是说山城几乎高达百层。“略”，现代汉语中表示范围窄，古代汉语中也可以表示范围广。如《汉书·外戚恩泽侯表》说:“至乎孝武，元功宿将略尽。”意思是，开国时的老臣宿将几乎都死去了。对这些古今意义差别很大的虚词，当然也应该留心，否则就会把整个意思弄反了。

（三）要注意古今虚词用法的不同。

古汉语的虚词不但意义与现代汉语有所不同，而且用法也和现代汉语不完全一样。例如，现代汉语中的副词一般是不能单独作谓语的，而古代汉语中有少数副词可以单独作谓语。例如:

1.《史记· 鲁仲连邹阳列传》:“新垣衍怏然不悦，曰:‘……先生又恶能使秦王烹醢梁王？’鲁仲连曰：‘固也，吾将言之。’”（烹醢：古代的两种酷刑，用鼎镬烹煮和剁成肉酱。）

2.《左传· 桓公十八年》:“人曰:‘祭仲以知免。’仲曰:‘信也。’”（知：智。）

3.《孟子· 公孙丑下》:“或问：‘齐伐燕，有诸？’曰：‘未也。’”

这种情况，一般出现在问答句中。

又如，现代汉语中介词结构一般都要和动词结合在一起，但古汉语中有的介词结构可以离开动词而独立成句，或在前面加上名词和“之”充当句子的主语、宾语。如：

1.《荀子·乐论》：“墨子之于道也，犹瞽之于白黑也，犹聋之于清浊也。”

2.《孟子·公孙丑上》：“麒麟之于走兽，凤凰之于飞鸟，泰山之于丘垤，河海之于行潦，类也。圣人之于民，亦类也。”（丘垤：小土堆。行潦：地上的积水。）

3.《左传·僖公四年》：“岂不穀是为；先君之好是继。”

4.《孟子·梁惠王上》：“为肥甘不足于口与？轻煖不足于体与？……王岂为是哉？曰：否，吾不为是也。”

这些句中加△的都是介词结构。例1中的：“墨子之于道也”，是“名词＋之＋介词结构”，充当全句的主语，“瞽之于自黑”和“聋之于清浊”是“名词＋之＋介词结构”充当“犹”的宾语。例2中的“名词＋之＋介词结构”都是句子的主语（“类也”“亦类也”是谓语）。例3的“不穀是为”是介词宾语前置的形式，“岂不穀是为”即“岂为不穀”，介词结构单独成句。例4中的“为肥甘不足于口也”是介词结构单独成句。“王岂为是哉”和“吾不为是也”是介词结构做谓语。这些介词结构后面都没有跟动词。

注意掌握虚词的语法作用

陈老师：（喝了一口水，看看三个学生）现在讲第三个大问题：要注意掌握虚词的语法作用。

上一讲曾经说过，对一个词，掌握它的中心意义，而不要被它在句中的临时意义弄糊涂。对于虚词来说，这个问题尤其重要。从古代汉语和现代汉语对译的角度来看，同一个虚词，出现在不同的语言环境中，可以有种种不同的译法。有时候，这种情况会使我们眼花缭乱。但是，深入分析一下，就会看到，这个虚词的语法作用是相同的。只有理解它的语法作用，才是从根本上掌握了这个虚词。

先举一个简单的例子。在《触龙说赵太后》一文中，一头一尾有这样两句话：开始时说，赵向齐求救，齐国提出“必以长安君为质，兵乃出”。最后说，赵太后听从了触龙的劝告，“为长安君约车百乘质于齐，齐兵乃出”。这两个“乃”字一样不一样呢？

小王：不一样。前一个“乃”是“才”，后一个“乃”是“就”。

小张：我看这两个“乃”字没有什么不一样。所不同的是两个句子的句式。前一个是条件句，后一个是因果句。

陈老师：你们两人的回答不同，是因为看问题的角度不同，小王着重是从翻译的角度看的，小张是从“乃”字的语法作用来看的。副词“乃”的语法作用是什么呢？就是表示在某种情况下产生某种结果。从这一点上说，这两个“乃”字没有区别。只不过“某种情况”可以是现实的情况，也可以是必要的条件。由于这种区别，“乃”有时译成“就”，有时译成“才”。在《词诠》中，这种“乃”是放在同一条下的，我认为《词诠》这样处理很对。

再举一个复杂一点的例子。“曾”字。

1.《列子·汤问》:“汝心之固，固不可彻，曾不如孀妻弱子。”

2.《史记·韩长孺列传》:“何梁王为人子之孝，为人臣之忠，而太后曾弗省也。”

3. 萧统《文选序》:“增冰为积水所成，积水曾微增冰之凛。”（增冰：厚冰。微：无，没有。）

4. 李白《经下邳圯桥怀张子房》:“惟见碧水流，曾无黄石公。”

5.《战国策·赵策》：“老臣病足，曾不能疾走。”

如果从翻译的角度来看，这五个句子中的“曾”翻译得都不一样。例 1 的“曾不如”可译为“连……都不如”。例 2 的“曾弗省”可译为“一点不觉察”。例 3 的“曾微”可译为“绝没有”。例 4 的“曾无”可译为“根本没有”。例 5 的“曾”字找不到恰当的词来翻译。这样一看，好像这个虚词的用法很复杂。但我们来分析一下它的语法作用，就可以看到，这些句中的“曾”都是用来加强否定语气的，随着上下文的不同而译为“连……都”“一点都”“绝”“根本”等等。了解它的语法作用，这个虚词也就不难掌握了。

再举一个例子，“于”。

这是古汉语中很常见的一个虚词，请大家想想，它译成现代汉语应译为什么？

小李：可以译为“在”“到”“从”“向”“对”“和”……

小王：还可以译为“比”“被”……

陈老师：翻译为“比”“被”的是另一个意思。我们先不管它。光是小李说的，就有不少种翻译法。这么看来，这个词是很复杂的了，我们再看看它的语法作用是什么呢？可以先找些例句分析一下。

a. 表处所

从　言出于余口（《左传· 昭公二十年》）

到　入于尔耳（《左传· 昭公二十》）

射其左，越于车下（《左传· 成公二年》）

在　射其右，毙于车中（《左传· 成公二年》）

b. 表时间

从　易之兴，其于中古乎（《周易·系辞》）

到　于今七年矣（《左传·昭公元年》）

在　是干戚用于古，不用于今也（《韩非子·五蠹》）

c. 表对象

从　取货于宣伯（《左传·成公十六年》）

向，给　诉公于晋侯（《左传·成公十六年》）

颍考叔……闻之，有献于公（《左传·隐公元年》）

和　宋向戌善于赵文子（《左传·襄公二十七年》）

从以上的例子中，可以看到，“于”字在不同的句子中，有多种译法。那么它的语法作用是否相同呢？我们看《左传·昭公二十年》“言出于余口，入于尔耳”，这是一句话。《左传·成公二年》“射其左，越于车下；射其右，毙于车中”，这也是一句话。这里的“于”字应该说是一个词，都是用来引进动作的处所的。但这处所有的是动作的起点，有的是终点，有的是停滞点。由于这种不同，“于”字就分别译为“从”“到”“在”。第 b 类的“于”也是一样。它都是用来引进动作发生的时间。但时间也有起点，终点和停滞点的不同，因而“于”也就有不同的译法。第 c 类是引进动作的对象的。《左传·成公十六年》“取货于宣伯而诉公于晋侯”，这也是完整的一句话。这里的

“于”也是同一个词。但“宣伯”是动作所从的对象，“晋侯”是动作所向的对象，因此“于”字分别译为“从”和“向”。引进动作所向对象的“于”还可以译为“给”，如《左传·隐公元年》“有献于公”。而《左传·襄公二十七年》的例句中，“赵文子”和“向戍”是对等的关系，所以“于”译为“和”。

经过这样的分析，我们可以用一句话来概括这个“于”字的语法作用：介词“于”的作用在于引进动作的处所，时间和对象。这就把“从”“到”“在”“向”“对”“给”“和”等等都概括在内了。

古汉语中还有的“于”字译不出来，如《左传·定公十年》“讨于赵氏”，只能译成“讨伐赵氏”。《诗经·鄘风·定之方中》：“定之方中，作于楚宫。”只能翻译成“建造楚宫”。直到现在我们还说“接近于完成”“至于今日”，这里的“于”也翻译不出来。但是这些“于”从它们的语法意义上说，就很容易理解：它们也是引进动作的对象或时间。

小王：（说到这里，小王插话说）陈老师，照这么说来是不是也可以说，能翻译成“比”“被”的“于”字，它们的作用是引进比较的对象和引进动作的主动者？

陈老师：是的。“于”字还有其他一些用法，这里不一一讲了。我们这次不是全面地介绍“于”的用法，主要是以“于”字为例，给大家介绍掌握虚词的方法。大家懂得了这个方法，就能举一反三。回去以后，可以自己找一些虚词来分析一下，至于一些重点的虚词，我们到下一讲再讲。

练习题

（一）指出下列句中带△的词的词性和意义，比较它们和现代汉语中的用法有什么不同。

1.《左传 · 宣公十二年》："楚师骤胜而骄，其师老矣。"

2.《庄子 · 庚桑楚》："老聃之役，有庚桑楚者，偏得老聃之道。"

3. 枚乘《上书谏吴王》："系方绝，又重镇之。"

4.《史记 · 留侯世家》："天下属安定，何故反乎？"

5.《汉书 · 高帝纪》："萧相国即死，谁令代之？"

6. 苏轼《水调歌头》："明月几时有？把酒问青天。"

（二）指出下列句子中带△的词与什么词通用。

1.《韩非子 · 五蠹》："民之自计，皆就安利如辟危穷。"

2.《墨子 · 尚同下》："为政若此，唯欲毋与我同，将不可得也。"

3.《史记 · 陈涉世家》："且壮士不死即已，死即举大名耳。"

4.《史记 · 魏其武安侯列传》："（魏其、灌夫）腹诽而心谤，不仰视天而俯画地。"

（三）指出下列句中"若"字的意义和词性。

1.《诗经 · 卫风 · 氓》:“桑之未落，其叶沃若。”

2.《论语 · 宪问》:“君子哉若人！尚德哉若人！”

3.《左传· 僖公二十三年》:“公子若反晋国,则何以报不谷？”

4.《论衡 · 实知》:“孔子生，不知其父，若母匿之。”

5.《汉书 · 食货志》:“时有军役若水旱，民不困乏。”

6. 柳宗元《捕蛇者说》:“余将告于莅事者，更若役，复若赋，则何如？”

第六讲　古代汉语的虚词（下）

一星期后，陈老师接着讲古代汉语的虚词。

陈老师：这次准备讲六个字："之""其""所""者""而""则"。这六个字比较复杂，初学的人光凭查字典或有关工具书，可能还搞不明白，所以需要讲一讲。其余的虚词，大致上可以凭借工具书来解决，这里就不讲了。

"之"和"其"

陈老师：先讲"之"和"其"。为什么要把它们放到一起讲呢？因为这两个字有共同之处。

共同之处在于：这两个字都是第三人称代词。一说起第三人称代词，大家就会想到现代汉语的"他""她""它"。但是，准确地说"之"字不完全等于"他""她""它"；"其"字更不等于"他""她""它"。

为什么说"之"不完全等于"他""她""它"呢？

（一）"之"有时指单数，有时指复数。如《史记·廉颇蔺相如列传》："（赵）括军败，数十万之众遂降秦，秦悉坑之。"这个"之"就指数十万之众，翻译成现代汉语就不是"他"，而是"他们"。

顺便说一下，古汉语中的人称代词大都是这样的，既可以表示单数，也可以表示复数。这叫作"单复同形"。（但"余""予"，只能用于单数）。

（二）"他""她""它"可用作主语、定语（"他哥哥"）、宾语，而"之"只能用作宾语。

（三）"他""她""它"可以用来指人、指物，但很少用来指事。而"之"则除了指人外，常用来指物、指事。像下列句中的"之"，就不能翻译成"它"。

1.《战国策·赵策》："秦将闻之，为却军五十里。"（闻之：听到这件事。）

2.《论语·季氏》："夫子欲之，吾二臣者，皆不欲也。"（欲之：想要这样做。）

例 1 中的"之"指鲁仲连说明了魏国不向秦称帝这件事。例 2 中的"之"，指伐颛臾这种做法。这两个"之"都不能译作"它"。

小张：那么，这两句中的“之”还能叫人称代词吗？是不是应该看作指示代词了呢？

陈老师：照我看，这样的“之”，应该看作指示代词了。“之”字和“其”字，都是兼作人称代词和指示代词的。吕叔湘《文言虚字》中说：“古时的人大概只感觉只有一个指示兼称代的‘其’。”我们同样可以说，在古人看来，也只有一个人称代词兼指示代词的“之”。

（回答了小张的问题，接着往下说）为什么说“其”字更不等于“他”“她”“它”呢？因为在古汉语中，“其”不能作主语和宾语（在魏晋以后，“其”字有作主语和宾语的，这里不细说），只能作定语。

也就是说，“其”相当于现代汉语中的“他（她、它）的”。例如《孟子·梁惠王上》：“君子之于禽兽也，见其生，不忍见其死，闻其声，不忍食其肉。”这里的“其”都是“它的”而不是“它”。同时，“其”也可以作指示代词用，如《西门豹治邺》：“至其时，西门豹往会之河上。”这时“其”就更不等于“他”“她”“它”了。

小李：陈老师，说“闻其声”“食其肉”的“其”是“它的”，这很好懂。但前面两句“见其生”和“见其死”，不是“看到它活着”和“看到它死去”吗？为什么说这里的“其”是“它的”而不是“它”呢？

陈老师：这个问题提得很好，但我现在先不回答。我们还是继续往下讲。

上面我们讲到了，“之”和“其”都是第三人称代词。但在有的句子中，这两个字都不表示“他”或“他的”，而是表示“我”或“我的”，“你”或“你的”。例如：

1. 柳宗元《捕蛇者说》：“君将哀而生之乎？”（“之”指“我”。）

2.《左传·宣公二年》：“赵盾……将谏，士季曰：‘谏而不入，则莫之继也。’”（“之”指“你”。）

3. 曹操《让县自明本志令》：“欲望封侯作征西将军，然后题墓道言‘汉故征西将军曹侯之墓’，此其志也。”（“其”指“我的”。）

4.《墨子·尚同》：“天子发政于天下之百姓，言曰：‘闻善而不善，皆以告其上。’”（“其”指“你们的”。“而”义同“与”。）

这是第三人称代词的活用，并不是说这里的“之”和“其”已变成第一、第二人称代词了。

“之”还可以用作“泛指”和“虚指”。例如：

1.《论语·为政》：“由，诲汝知之乎？知之为知之，不知为不知，是知也。”

2.《荀子·儒效》:“闻之不若见之，见之不若知之，知之不若行之。”

这里的“之”都没有先行词，也就是说，没有在上文中先说出什么事物，然后用“之”来指代它。这个“之”还是有所指的，但它所指的内容并不很具体，可以是指某件事情，也可以是指某个道理。这种“之”就叫“泛指”。

3.《孟子·梁惠王上》:“天油然作云，沛然下雨，则苗勃然兴之矣。”

这个句子中的“之”，并不指任何东西，它放在这里，仅仅起凑足一个音节的作用。这种“之”称为“虚指”。

关于代词的“之”和“其”，就讲到这里。

“之”还有一个用法，是相当于现代汉语中的“的”。这是助词“之”，如“山之南，水之北”“夫子之言”。这种“之”在古代汉语中很常用，也不难掌握。比较不好理解的是下列句子中的“之”:

1.《论语·述而》:“其为人也，发愤忘食，乐以忘忧，不知老之将至云尔。”

2.《论语 · 微子》:“道之不行，已知之矣。”

3.《庄子 · 逍遥游》:“鹏之徙于南冥也，水击三千里，抟扶摇而上者九万里。”(抟：聚结。扶摇：暴风。)

4.《战国策 · 赵策》:“父母之爱子，则为之计深远。”

这四个句子，翻译的时候，都不用把“之”翻译出来，翻译出来反而觉得别扭。那么，这里面的“之”起了什么作用呢?

小王:(很快地回答)这是取消句子独立性。

陈老师：对的。这个问题在一般语法书上讲得比较多，所以大家也都不陌生。“老将至”和“道不行”本来都是一个主谓结构，可以成为独立的句子。但它们现在只是句子的一个部分，“老将至”是宾语，“道不行”是主语。在古汉语中，往往在主谓结构中间插进一个“之”字，把主谓结构转化为偏正结构。“之”字的这种用法，通常叫作“取消句子独立性”。

例 3 和例 4 情况有所不同。“鹏之徙于南冥也”和“父母之爱子”也都是在主谓结构之间插进“之”字；但是这个“主 + 之 + 谓”不是作句子的主语或宾语，而是充当一个分句，表示到这里句子还没有完，还要继续往下说。“之”字的这种用法，同样叫作“取消句子独立性”。

小张：我看到有的书上说，“鹏之徙于南冥也”是作为状语。这样说对不对呢?

陈老师:我不大赞成这样说。因为“鹏之徙于南冥也”和“父母之爱子”情况是一样的。如果说前者作状语,那么后者是不是也作状语呢?而且,如果把“鹏之徙于南冥也”看作状语的话,那么“水击三千里”的主语又是谁呢?所以我觉得还是把它看作分句好,这个分句和下一个分句共一个主语:“鹏”。在译成现代汉语的时候,这个“之”要去掉。

小王:既然这种“之”字翻译时都应该去掉,那就干脆不加好了。“不知老将至”不是也说得通吗?

陈老师:在这种地方,现代汉语通常是不加“的”的,而古代汉语通常要加“之”。这就是古人的语言习惯了。翻译成现代汉语,当然要符合现代汉语的习惯,所以就要把“之”去掉。——其实,在现代汉语中,也有两种情况,我们看下面的例句:

我盼望你来。

我们盼望春天的到来。

全校师生都盼望着校友参观团的到来。

这三个句子中加 ~~~ 的部分,都是“盼望”的宾语。第一个句子中“你来”是主谓结构,它直接充当宾语,中间不需要加“的”，加了以后就不通了。第二个句子在“春天到来”之间，加不加“的”字两可，似乎不加更好些。第三个句子，在主谓结构中间加了“的”，而且一般以加为常。为什么有这种区别呢？这也只能说是一种语言习惯。大致说来，在日常口语中，都不加“的”；离口语愈远，色彩愈庄重，就以加“的”为常。古汉语中用以取消句子独立性的“之”，译成现代汉语时要不要翻译也来，可以根据现代汉语的习惯而定。

小张：噢，陈老师，我明白了。刚才说的“见其生不忍见其死”，就是“见彼之生不忍见彼之死”，其＝彼＋之。这个“之”的作用就是取消句子独立性，所以翻译时可以不译出来。但我们不能因此而认为“其”只相当于“彼”（它）。是这样吗？

陈老师：你说得很对。（又补充说）

上面讲的“之”字都是用以取消句子独立性的。也就是说，如果不加“之”字，就有两个句子，这两个句子可以是一个包孕另一个（如“不知老将至”）；可以是两个相并列（如“鹏徙于南冥，水击三千里”）。加上“之”以后，就取消了其中一个句子的独立性，使两个句子变为一个句子（简单句或复合句）。但除此之外，还有另一种情况。如：

1.《礼记·檀弓上》：“君子之爱人也以德，细人之爱人也以姑息。”（细人：小人。）

2.《孟子·梁惠王上》：“寡人之于国也，尽心焉耳矣。”（寡人之于国：我对于国家。）

本来，“君子爱人以德”“寡人于国尽心焉”，都是很普通的简单句，为什么要在中间加“之”呢？对于例1，《文言虚字》作过分析：“‘以德’本来是附加语，只是谓语的一部分，而且在形式上是不重要的部分。现在要重视这些附加语，所以在主语和动词之间加一‘之’字，化作短语的形式，作句子的主语，原来的附加语就升为句子的谓语，占据重要地位了。”这个分析是很正确的。例2也是同样的道理。只不过它要突出的是“于国”。“于国”本来是“尽心”的附加语，加上“之”以后，在“寡人之于国”中就成了中心语了。后面再用“也”字停顿一下，就更强调了它的位置。像这一类“之”的用法，恐怕就不能叫作“取消句子独立性”了。

小王：“寡人之于国”是“名词+之+介宾结构”，能作句子的主语吗？

陈老师：在古代汉语中这是可以的。像《荀子·乐论》：“墨子之于道也，犹瞽之于白黑也，犹聋之于清浊也。”就是“名词+之+介宾结构”作句子的主语。

“者”和“所”

陈老师：“者”和“所”都是指示代词，但这两个词的用法不同。简单地说，当它们与动词结合的时候，“所”指动作的对象，“者”指动作的主体。例如“所见所闻”就是“见到的东西，听到的东西”。而“言者无罪，闻者足戒”，“言者”和“闻者”就是“说话的人”和“听到的人”。

一般来说，“所”字只能和动词结合（当然也可以有“所+介词+动词”，这一点下面再谈）。如果“所”后面跟形容词和名词，一般都活用为动词。“者”可以和动词结合，也可以和形容词、名词结合。当它放在形容词后面时，就表示“……的人”或“……的东西”，如“强者”“弱者”“大者”“小者”，等等。当它放在名词后面时，在往是起复指作用，如《论语·先进》：“三子者出，曾皙后。”

“者”字还可以是语气词。或者表示假设语气，如《史记·楚世家》：“伍奢有二子，不杀者，为楚国患。”或者表示“……的样子”，如《论语·乡党》：“孔子于乡党，恂恂如也，似不能言者。”

小王：陈老师，像“陈胜者，阳城人也”这类句子中的“者”是代词还是语气词？

陈老师：像“陈胜者，阳城人也”这类句子，叫作判断句，这我们以后要讲的。判断句的主语后常常用“者”字。这种“者”字，有不同的解释。有人认为是指示代词，是复指主语的；有人认为是语气词，是表示提顿语气的。我认为，这种“者”字从它的来源看应是指示代词，是用来复指主语的。比如《战国策·魏策》:“此三子者，皆布衣之士也。”这里的“者”和我们上面举的“三子者出”看不出有什么根本区别，它们都可以看作是用以复指的指示代词。不过，就一般的讲法来说，有不少人把它当作表提顿的语气词。下面我们讲判断句时，就把“者”讲成语气词。

陈老师:（回答了小王的问题后接着说）“者”字不太难懂，我们不多讲了。这里打算着重谈一下“所”字。根据“所”字的意义和用法，可以把它分为三类。

第一类，所＋动词（或动词词组）。从意义上讲，“所”指代动作的对象。从结构上看，“所”和动词构成的不是动宾词组，而是一个名词性词组，其中“所”是中心语，动词是定语。例如:

1.《史记·范雎蔡泽列传》:“庸主赏所爱而罚所恶，明主则不然。”

2.《庄子·养生主》:“始臣之解牛之时，所见无非牛者。”

3. 陶渊明《桃花源记》:“渔人一一为具言所闻。”

例 1“所爱”是“爱的人”，“所恶”是“憎恶的人”。例 2“所见”是“见到的东西”。例 3“所闻”是“听到的事情”。不论是“人”“东西”，还是“事情”，从意义上讲，都是动作的对象。但动词和“所”指代的动作对象之间的关系，却不是动宾关系，而是修饰关系。“所爱”不是说“爱人”，而是说“爱的人”。“所恶”“所见”“所闻”也是如此。我们应该从这两方面来掌握“所”字，这样才是全面的理解。

这种“所 + 动词（或动词词组）”的形式，我们称之为“所字结构”。它是一个名词性的结构。既然如此，它就和一个名词一样，可以作中心语受别的名词修饰，也可以作定语去修饰别的名词。这就又产生了三种形式。

a. 所字结构作中心语，在前面加上别的名词作定语。即：名词 +（之）+ 所字结构。

1. 韩愈《柳子厚墓志铭》：“播州非人所居。”

2.《汉书 · 食货志》：“粟者，民之所种。”

“人”和“民”都是所字结构的定语。但是从意义上看，它们又都是动词“居”和“种”的主语。从这个角度说，也可以认为，“所”的作用是把一个主谓结构转化为一个偏正结构：人居（人居住）→人所居（人居住的地方）；民种（百姓种植）→

民之所种（百姓种植的东西）。

b. 所字结构作定语，在后面加上别的名词作中心语。即：所字结构 +（之）+ 名词。

1.《庄子 · 让王》：“所学夫子之道者，足以自乐。”

2. 王安石《答司马谏议书》：“所操之术多异故也。”

“夫子之道”和“术”是受所字结构修饰的中心语。但从意义上看，它们又是动词“学”和“操”的宾语。（这和前面说“所”在意义上是动作的对象并不矛盾，因为在意义上“所操”和“术”是同位关系。）从这个角度讲，“所”的作用是把一个动宾结构变为偏正结构：学夫子之道（学习夫子之道）→所学夫子之道（学到的夫子之道）；操术（掌握办法）→所操之术（掌握的办法）。

所字结构后面的名词，也可以用“者”来代替。这时“者”起的是复指作用。

3.《庄子 · 养生主》：“臣之所好者道也。”

c. 在所字结构前面后面可以同时加上名词。即：名词 + 所字结构 +（之）+ 名词。

1.《史记·项羽本纪》:"独籍所杀汉军数百人。"

2.《孟子·滕文公下》:"仲子所居之室,伯夷之所筑与?"

在这种结构中,"所"的作用可以看作是把一个句子转化为一个偏正结构:籍杀汉军(项籍杀死汉军)→籍所杀汉军(项籍杀死的汉军);仲子居室(仲子住在房子里)→仲子所居之室(仲子住的房子)。

当然,在实际语言中出现的句子会比我们引的例句复杂得多,但是,句子不论怎样复杂,我们都可以按上述几种基本形式加以分析。例如《战国策·齐策》:"先生所为文市义者,乃今日见之。"这里"所为文市义"是所字结构(所+动词词组),在所字结构前后都加上了名词。如上所述,我们可以把它理解成这是一个由句子转化而来的偏正结构:先生为文市义→先生为田文买的义。这样,很容易就把这话翻译出来了。

第二类,所+介词+动词(或动词词组)。从意义上讲,"所"指代介词的宾语;从结构来看,这种"所字结构"是一个偏正结构,其中"所"是中心语,介词和动词是定语。例如:

1.《荀子·议兵》:"彼兵者,所以禁暴除害也。"(所以禁暴除害:用以禁暴除害的东西。)

2.《荀子· 臣道》:“夫是之谓至闇,桀纣所以灭也。”(所以灭:灭亡的原因。)

3. 陶渊明《桃花源记》:“见渔人，皆大惊，问所从来。”(所从来：来的地方。)

4.《史记· 滑稽列传》:“所从来久远矣。”(所从来：开始发生的时间。)

5.《孟子· 离娄下》:“其妻问所与饮食者,则尽富贵也。”(所与饮食者：一起吃喝的人)。

6.《战国策· 赵策》:“所为见将军者，欲以助赵也。”(所为见将军：见将军的目的。)

例 1 中“所以禁暴除害”，就是“用以禁暴除害的东西”。“所”指代的“东西”，从意义上说是“以”的宾语(用这个东西禁暴除害)；从结构上看，是所字结构的中心语(用以禁暴除害的东西)。“所”字起的作用，可以看作是把“介词 + 宾语 + 动词”组成的动词性词组，转化成一个以介词的宾语为中心语的名词性词组。即：以此禁暴除害(用它禁暴除害)→所以禁暴除害(用以禁暴除害的东西)。

例 2 至例 6 都可以这样分析。但在翻译时，它们和例 1 有所不同。在现代汉语中，介词“由于”“从”“与”“为”不能直接加在动词前面，所以不翻译为“由于灭亡的原因”“从来的地方”“从来的时间”“与饮食的人”“为见将军的目的”，等等。也就是说，翻译出来的名词词组，不能以“介词＋动词”作定语，而只能把介词改成相应的副词（例如“所与饮食者”译为“一起吃喝的人”）；或者只以动词作定语，而由中心语来显示介词的不同（如例2译成“灭亡的原因”，由“原因”来显示它是介词“以”的宾语；例6译成“见将军的目的”，由“目的”来显示它是介词“为”的宾语等等）。

第三类，所＋动词（或动词词组），但可以看作在动词前面省略了一个介词。也就是说，它在形式上同第一类，而在意义上属第二类。例如：

1.《孟子·滕文公上》：“欲以所事孔子事之。”（即“所以事孔子”，用以侍奉孔子的方法。）

2.《战国策·赵策》：“诺，恣君之所使之。”（即“以使之”，用来差遣他的方法。）

3.《荀子·劝学》：“兰槐之根是为芷，其渐之滫，君子不近，庶人不服。其质非不美也，所渐者然也。”（即“所以渐者”，用来浸泡的东西。）

4.《诗经·小雅·小宛》：“夙兴夜寐，无忝尔所生。”（即“所由生”，指自己的父母。）

这些句子怎样和第一类“所”字结构区别呢？比如“所事孔子”和“所杀汉军”有什么区别呢？我们知道，凡是属于第一类所字结构的，在“所＋动词＋名词”中间，都可以在动词后加一个“之”字而意义不变。“所杀汉军”和所“杀之汉军”意义是一样的。而在“所事孔子”中间，却不能插进“之”字，如果插进“之”字，就变成“以所事之孔子事之”，即“用所侍奉的孔子来侍奉他了”，意义上显然讲不通。由此可见，“所事孔子”在形式上同第一类，而意义上属第二类，它应该理解为在动词前省略了一个介词。

例 2 也可以用同样的办法加以区分。例 3 和例 4 就比较难以区分了，因为在所字结构后面没有带名词。如果脱离上下文，例 3 的“所渐者”可以有两个意思：一是指“渐”的对象，即芷；一是指用来“渐”的工具，即滫。究竟是什么意思，就只能从上下文来判断了。显然，这里说的，芷本来是香的，因为它浸泡在滫（臭水）中，就君子不近，庶人不服，是滫使它这样的。因此，这里的“所渐者”应该理解成“所以渐者”，即“用来浸泡的东西”。例 4 也是这样，只能根据上下文来判断。

还有一类所字结构，也是“所＋动词（或动词词组）”构成的。但“所”表示的不是动作的对象，而是动作的处所。这是因为“所”字本来就是处所的意思。例如：

1.《左传· 僖公三十二年》:“其北陵，文王之所避风雨也。”（所避风雨：避风雨的地方。）

2.《左传· 昭公四年》:“冀之北土，马之所生。”（马之所生：马出生的地方。）

例 1“所避风雨”中间不能插进“之”字，由此可以知道它指的不是动作的对象。例 2 就只能凭意义来判断了，从上下文看，“马之所生”显然不是指马生的对象（马驹），而是指马生长的处所。

“而”和“则”

陈老师：（讲完“所”字，稍稍休息了一会，又接着说）下面我们讲两个连词：“而”和“则”。

“而”是一个很活的连词。它可以表示多种连接作用。初学古汉语的人，容易犯一个毛病，一看到“而”字就用“而且”来翻译，这就常常使得文句不通。下面我们就会看到，能用“而且”来翻译的，只是其中一部分。

“而”字的用法，可以分为三大类：（一）连接联合结构的两个部分；（二）连接状语和中心语；（三）连接主语和谓语。

（一）连接联合结构的两个部分。联合结构的两个部分，可以是两个动词、两个形容词，也可以是两个谓词性的词组。

这是“而”字最常见的用法。这种“而”字又可分为顺接和逆接两类。所谓逆接，指的是用“而”连接的两项意义是相反的。如《论语·述而》：“子温而厉，威而不猛，恭而安。”《论语·阳货》：“色厉而内荏。”《礼记·中庸》：“愚而好自用，贱而好自专。”所谓顺接，是指“而”连接的两项意义是相并或相承的。如《左传·桓公元年》：“美而艳。”贾谊《过秦论》：“明智而忠信，宽厚而爱人，尊贤而重士。”凡是逆接的都可以译为“但”或“却”，顺接而又相并的都可以译为“而且”。

顺接和逆接的区分不是绝对的。《文言虚字》上举过一个例子，“物美而价廉”，可以有顺接和逆接两种看法：既可以看作“物既美而价又廉”，也可以看作“物虽美而价不昂”。再如“少而精”，既可看作“又少又精”，也可看作“虽然少但是精”。这就取决于说话时的重点在哪里了。

顺接的“而”，它前后两项可以是并列的，如上面所举两例；也可以是有主有从的。在后一种情况下，“而”字都不能译作“而且”，而必须根据前后两项之间的关系采取灵活的翻译法。

a. 前后两项是事理上相同或时间上相承的关系，“而”可以译成“就”，如：

1.《论语· 为政》:“温故而知新。”

2.《荀子· 劝学》:“是故质的张而弓矢至焉，林木茂而斧斤至焉。”

3.《左传· 僖公十九年》:“文王闻崇德乱而伐之。”（崇：国名。）

4. 柳宗元《始得西山宴游记》:“觉而起，起而归。”

如果“而”后面的一项是主谓结构的话，那么在翻译的时候，“就”应放在主语后面，如《荀子·劝学》例。

b. 后一项是前一项的目的，“而”可以译为“来”。

1.《列子· 汤问》:“惩山北之塞，出入之迂也，聚室而谋。”

2.《史记· 陈涉世家》:“为坛而盟。”

c. 前一项是后一项的条件。“而”可以译为“才”。

1.《论语· 季氏》:“学而知之者，次也。困而学之，又其次也。”

2.《左传· 僖公三十年》:“吾不能早用子，今急而求子。”

d. 前一项是后一项的方式、状态。“而”字翻译不出来。

1.《孟子· 梁惠王上》:“天下之民，皆引领而望之矣。”（引领：伸长脖子。）

2.《战国策· 赵策》:“齐闵王将之鲁，夷维子执策而从。”（执策：拿着马鞭。）

上面所说的只是列举一些常见的情况，远没有包括这一类“而”的全部用法。而且，就是上述几种译法，也只是讲一个大概，而不能当作公式去硬套。例如，《战国策·赵策》:“彼将夺其所憎而予其所爱。”这里“而”字连接的前后两项，可以看作是并列的关系，也可以看作后一项是前一项的目的。但“而”既不能译作“而且”，更不能译作“来”。又如《左传·成公二年》:“且惧奔辟而忝两君。”从意义上看，后一项是前一项的结果，但“而”不能译作“就”。因为这些句子中的“而”字只是平平地连接两个动作，全句的意思并不是为了强调两项间的因果或目的关系。所以这两句中的“而”字可以不译出来，或者仍旧保留“而”字。

更重要的是，我们应当理解，上面讲了几种译法，主要的目的是告诉大家“而”的用法很灵活，不要一看见“而”就译作“而且”。但这绝不是说古汉语中有五六个不同的“而”字。就“而”的语法作用来讲，它都是一样的：连接两个词、词组，构成联合结构。只是由于它连接的两项之间的关系有所不同，因而翻译时有不同的译法。这个问题，在上一讲中已经以“于”字为例讲过，希望大家注意。

（二）连接状语和中心语。

例如：

1.《论语· 先进》:“子路率尔而对。”（率尔：轻率的样子。）

2. 柳宗元《捕蛇者说》:“吾恂恂而起。”（恂恂：害怕的样子。）

3.《战国策· 赵策》:“盛气而揖之。”

这种“而”字一般可以不译。

（三）连接主语和谓语。

这种“而”字有两种作用：

a. 表示不应有而有的事。例如：

1.《诗经· 鄘风· 相鼠》:“相鼠有皮，人而无仪。”

2.《孟子· 公孙丑上》:“人役而耻为役，犹弓人而耻为弓，矢人而耻为矢也。”（人役：人的仆役。为人役：被人役使。为弓：做弓，制造弓。）

这种“而”字的作用实际上还是一种逆接。“人而无礼”意思是“人应该有礼，然而却无礼”，“弓人而耻为弓”意思是

“弓人不应该耻为弓，然而却耻为弓”。都表示一种不应有而有的情况。这种句子中的“而”可以译为“却”或“还”。

b. 表示假设。例如：

1.《论语· 为政》：“人而无信，不知其可也。”

2.《左传· 襄公三十年》：“我有子弟，子产诲之；我有田畴，子产殖之；子产而死，谁其嗣之？”

这种“而”字表示的不是一般的假设，而是假设出现了某种不应有而有的情况。所以，它和 a 是相通的。“人而无信”和“人而无礼”显然是同样的意思；“子产而死”也隐含着“子产不能死”的意思。

以动词作主语的主谓结构间也可以用“而”字。如：

1.《论语· 述而》：“学而不厌，诲人不倦。”

2.《礼记· 礼运》：“盗窃乱贼而不作。”（盗窃乱贼之类的事情不发生。）

这种“而”字无法翻译出来。

最后，讲一讲“则”字。

“则”的主要用法是表示两件事情在时间上先后相承或事理

上前后相因，多数可以译作现代汉语的“就”。例如：

1.《庄子·胠箧》：“圣人已死，则大盗不起。”

2.《汉书·陈胜项籍传》：“于是至则围王离。”

3.《荀子·劝学》：“木受绳则直，金就砺则利。”

4.《韩非子·五蠹》：“事智者众则法败，用力者寡则国贫。”

这种“则”字，并不难理解。

小张：（插话问道）陈老师，“而”也可以连接时间相承或事理相因的两件事，“则”和“而”有什么区别呢？

陈老师：这一点上，“则”和“而”是有相同之处的。但仔细比较，它们也有区别。“而”只是把时间相承或事理相因的两件事连接起来，重点不在强调它们的因果关系；“则”却是要强调它们的因果关系。所以，下面的几个句子，“则”不能换成“而”，“而”可以换成“则”，但换了以后因果的意味就加强了。

1. 柳宗元《始得西山宴游记》：“觉而起，起而归。”

2.《周易·系辞》：“易穷则变，变则通，通则久。”

3.《荀子·天论》：“君人者，隆礼尊贤而王，重法爱民而霸。”

4.《荀子·王霸》：“故与积礼义之君子为之则王，与端诚信全之士为之则霸。”

有的“则”也能换成“而”，但因果的意味就减弱了。例如：

5.《荀子·劝学》：“木受绳则直，金就砺则利。”

关于“则”和“而”的比较就讲到这里。下面讲“则”的另两种用法。

（一）有的“则”连接的两件事，前一件发生在后，后一件发生在前。例如：

1.《论语·微子》：“使子路反见之。至则行矣。”
2.《孟子·公孙丑上》：“其子趋而往视之，苗则槁矣。”
3.《庄子·达生》：“吾以子为鬼，察子则人也。”

这类句子，都含有发现一种原已存在的情况的意思。以《论语》“至则行矣”和《汉书》“至则围王离”对比，很清楚地可以看出它们的不同。这里例1可以译为“到那儿，（丈人）已经走了”。例2可以译为“苗已经枯槁了”。《庄子·达生》例可译为“仔细察看，你原来是个人”。

（二）有的“则”表示对比。例如：

1.《孟子·告子下》:“入则无法家拂士，出则无敌国外患，国恒亡。”

2.《战国策·赵策》:“生则不得事养，死则不得饭含。”（饭含：给死人嘴里放米和珠。这是古代贵族的葬礼。）

3.《左传·哀公十三年》:“粱则无矣，粗则有之。”（粱：好的粮食。粗：粗粮。）

例1“入则……出则……”等于说“在内……在外……”，例2“生则……死则……”等于说“活的时候……死的时候……”。例3可以译为“粗粮倒是有的，细粮却是没有”，“则”也是表对比的。

上述例句中是在两句中各用一“则”字，对比的意味比较明显。还有在两个对比的句子中，只有一个句子用“则”字，但仍然可以认为在另一个句子中是隐含着“则”字的。例如：

1.《诗经·郑风·东门之墠》:“其室则迩，其人（则）甚远。”（迩：近。）

2.《孟子·离娄下》:“今有同室之人斗者，救之，虽被发缨冠而救之，（则）可也；乡邻有斗者，被发缨冠而救之，则惑也。”

还有的时候，虽然只有一个带“则”的句子，但仍然含有和另一事对比的意思，这时可以认为对比的句子没有出现。例如：

3.《论语·宪问》：“子贡方人。子曰：‘赐也，贤乎哉？（汝则有暇）夫我则不暇。’”

这句话的大意是：子贡议论别人。孔子说：赐（子贡名赐）啊，你自己做到贤了吗？（你有闲心议论别人）我却没有闲心。

上面所说的表示发现的“则”字，实际上也是含着对比的。《庄子·达生》：“吾以子为鬼，察子则人也”一例最明显，是预想与实情的对比。《孟子·公孙丑下》：“其子趋而往视之，苗则槁矣。”也是对比。是和上文那个揠苗助长的蠢人所说的“予助苗长矣”的对比。《论语·微子》：“使子路往见之，至则行矣。”“行”也是和“见”对比。原来是想去见他的，但到那里却发现他已经走了。

“则”还有其他一些用法，例如可以用作假设连词，相当于现代汉语的“如果”，《史记·项羽本纪》：“项王乃谓……曹咎等曰：谨守成皋，则汉欲挑战，慎勿与战。”这里的“则”就是“如果”的意思。这种用法，我们比较陌生，但掌握来并不太困难，所以就不多讲了。

陈老师：（总结说）古代汉语的虚词已经讲完了，希望大家回去后好好复习一下。更主要的是，今后在阅读古文时要对虚词多加注意，这样才能逐步掌握它。从下一讲开始，我们讲讲古代汉语句法中的一些问题。

练习题

（一）指出下列各字在句中的不同用法。

1. 之

a.《左传·成公三年》："以君之灵，累臣得归骨于晋，寡君之以为戮，死且不朽。"

b.《诗经·魏风·伐檀》："坎坎伐檀兮，置之河之干兮。"

c.《庄子·天地》："四海之内共利之之谓悦，共给之之谓安。"

d.《史记·陈涉世家》："辍耕之垄上，怅恨久之。"

2. 其

a.《左传·僖公十年》："欲加之罪，其无辞乎？"

b.《论语·宪问》："微管仲，吾其被发左衽矣！"

c.《国语·晋语》："丧田不惩，祸乱其兴。"

d.《汉书·霍光金日磾传》："其以河北、东武阳益封光万七千户，与故所食凡二万户。"

3. 者

a.《荀子·劝学》："蟹六跪而二螯，非蛇鳝之穴无可寄托者，用心躁也。”

b.《礼记· 檀弓》:“子之哭也，壹似重有忧者。”

c.《史记· 秦始皇本纪》:“高乃与公子胡亥、丞相斯阴谋，破去始皇所封书赐公子扶苏者。”

d.《史记· 魏其武安侯列传》:“使武安侯在者，族矣!”

4. 而

a.《论语· 先进》:“宗庙会同，非诸侯而何！”

b.《左传· 襄公九年》:“自今日既盟之后，郑国而不唯晋命是听，而或有异志者，有如此盟！”

c.《战国策· 燕策》:“寡人岂敢一日而忘将军之功哉！”

d.《礼记· 大学》:“可以人而不如鸟乎！”

（二）把下列句子中的“所”字结构翻译成现代汉语。

1.《左传· 哀公七年》:“小所以事大，信也；大所以保小，仁也。背大国不信，伐小国不仁。”

2.《荀子· 议兵》:“然则又何以兵为？凡所为有兵者为争夺也。”

3.《庄子· 骈拇》:“伯夷死名于首阳之下，盗跖死利于东陵之上。二人者所死不同，其于残生伤性均也。”

4.《史记· 袁盎晁错列传》:“陛下所以为慎夫人，适所以祸之。”

第七讲　古代汉语的判断句和被动句

一个星期六的晚上，天气特别凉爽，小李、小王和小张提前来到了陈老师这里，等着听他的古代汉语讲座。

陈老师：词汇是语言的建筑材料，如果说，前边我们是从各个不同的角度上着重地讲解了这些建筑材料的话，那么今天我们就要讲一讲运用这些材料来建造房屋的规则——句法了。在句法方面，古今汉语大致是相同的，也有不同的地方，我打算谈一谈这个古今不同的地方，今天就讲两种句式——判断句和被动句。

判断句的基本形式及其变化

陈老师：判断句是以名词或名词性的词组为谓语，表示判断的。判断句是自古有之的，只是古今判断句的形式有所不同罢了。在现代汉语里，像“小李是北京人”“小王是大学生”这类句子，就是判断句。句中的“是”叫作判断词，“××是

××”这是现代汉语的肯定判断的形式。如果要表示否定判断，就要在“是”的前面加上表否定的副词“不”等。而古代汉语的判断句的表达方式和现代汉语就不一样了，一般它是这样表达的：“陈胜者，阳城人也。”或者是：“荀卿，赵人。”大家能够看出来古今的不同吗？

小王：（急忙回答说）明白啦，现代汉语的判断句里一般都有个“是”字，古代汉语的判断句里则没有。

陈老师：（满意地说）是的，你说得很对。和现代汉语比较起来，上古汉语的判断句，基本上是不用判断词的，这是古代汉语判断句的极重要的特点。

小李：陈老师，古汉语的判断句是否必须以名词或名词词组作谓语呢？

陈老师：古汉语的判断句绝大多数是名词谓语句，但也有的判断句是以动词、形容词或谓语性词组作谓语的。例如：

1.《论语·颜渊》：“政者，正也。子帅以正，孰敢不正？”（政事就是“正”。你自己带头守规矩了，谁敢不守规矩？）

2.《论语·为政》：“非其鬼而祭之，谄也。见义不为，无勇也。”（祭祀不该祭祀的鬼，就是谄媚；看到应该做的事情不去做，就是没有勇气。）

3.《孟子·尽心下》：“征者，上伐下也。”（“征”就是上级讨伐下级。）

这些句子，都应该看作是判断句，但例 1 的谓语“正”是形容词。例 2 的谓语“谄”是形容词，“无勇”是动宾词组。例 3 的谓语“上伐下”是一个主谓词组。为什么说这些是判断句呢，因为从形式上看，它们都采用“……者……也”或“……，……也”这种古汉语判断句的典型形式；从意义上看，它们都是表示判断的，而且多半是定义式的。所以，尽管它们不是名词作谓语，但仍应看作判断句。

古汉语的判断句大致上有以下几种形式：

（一）用“……者，……也”表判断的判断句。例如：

1.《史记· 陈涉世家》：“陈胜者，阳城人也。”

2.《庄子· 逍遥游》：“南冥者，天池也。”

3. 贾谊《论积贮疏》：“夫积贮者，天下之大命也。”

这是古汉语判断句中最常见、最基本的形式。这种形式的特点是，在主语的后面用了个语气词“者”字，在谓语的后面用了个语气词“也”字。用“者”是表提顿的，用“也”是帮助判断的。不过这里应该说明的是，在这类典型的判断句里，“者”和“也”并不一定都同时出现在一个句子里，而是有灵活性的。比如说有的时候只在主语部分用“者”字，而谓语部分不用“也”字。例如：

1.《老子》:“是故善人者,不善人之师；不善人者,善人之资。”

2. 晁错《论贵粟疏》:“粟者，民之所种。”

3.《史记·封禅书》:“少君者，故深泽侯舍人。”

4.《老子》:“夫兵者，不祥之器。”

有的时候主语部分不用“者”字，只在谓语部分用“也”字。例如：

1.《国语·齐语》:“夫管子，天下之才也。”

2.《战国策·齐策一》:“城北徐公，齐国之美丽者也。”

3.《左传·僖公四年》:“贡之不入，寡君之罪也。”

4.《桃花源记》:“南阳刘子骥，高尚士也。”

也有的时候，“者”“也”都不用，也可以形成判断句。例如刚才举的《史记·孟轲荀卿列传》中的例句“荀卿，赵人”就是。又如：

1.《左传·哀公八年》:“夫鲁，齐晋之唇。”

2.《资治通鉴 · 汉纪》："刘备，天下枭雄。"

3.《战国策 · 赵策》："秦，万乘之国；梁，亦万乘之国。"

判断句所判断的，可以是人，可以是物，也可以是一件事情。也就是说，判断句的主语可以是一个简单的名词或名词词组，也可以是一个较为复杂一点的主谓结构。例如：

1.《列子 · 说符》："天地万物与我并生，类也。"

2.《左传 · 隐公元年》："都城过百雉，国之害也。"

从意思上说，这里的"天地万物与我并生""都城过百雉"，都分别是被判断的一件事情；从结构上说，它们都是主谓结构作判断句的主语的。

（二）基本形式有时又有变化，变化之一是在名词谓语的前边加"即""乃""必""非"等副词，"即""乃""必"是表肯定判断的，"非"是表否定判断的。例如：

1.《史记 · 项羽本纪》："吾翁即若翁。"（翁：父亲。若：你的。）

2.《战国策 · 赵策》："吾乃梁人也。"

3.《史记 · 廉颇蔺相如列传》："破赵军者，必括也。"

这里要提醒大家一点，对于这种形式的判断句，我们应该注意的是：不要把“必”“即”“乃”等误认为是判断词，即使有的时候翻译出来很像判断词，也不要产生误解；因为它们都是用在谓语前边表判断的副词。“吾翁即若翁”是说“我的父亲就是你的父亲”，“吾乃梁人也”是说“我就是梁国人”，“破赵军者，必括也”是说“葬送掉赵国军队的人，一定是赵括。”但其中的“是”却不是“即”“乃”“必”所固有的，而是翻译时加上去的。

至于这个“非”字，我们要着重说一下。这个字经常出现在否定性的判断句中，但是绝不要把它误解为否定性的判断词。它不是判断词，而是表示否定判断的副词。为什么呢？对这个问题，不打算从理论上加以分析，只请大家比较一下下面两个句子：

1.《左传· 襄公八年》：“非其父兄，即其子弟。”

2.《左传· 僖公五年》：“鬼神非人实亲，惟德是依。”（鬼神不亲人，只依德。“人实亲”和“德是依”都是宾语前置。）

在例 1 中“非”和“即”对举，它们在句中的地位应该是相同的。我们在上面说过，“即”是副词而不是判断词，所以同样应该认为“非”是否定副词而不是表否定的判断词；例 2 中是“非”和语气词“惟”对举，而且它们后面跟的不是名词，而是一个动宾结构，这更可以看出“非”是副词，而不是判断词。

在判断句的谓语前面，除了可以加副词之外，还可以加语气词。常见的有“唯（惟、维）”“伊（繄）”等。例如：

1.《尚书· 禹贡》:“厥土惟白壤。”

2.《诗经· 小雅· 皇皇者华》:“我马维骐。”（骐：青黑色纹理的马。）

3.《左传· 僖公五年》:“民不易物，惟德繄物。”

4.《诗经· 小雅· 蓼莪》:“蓼蓼者莪，匪莪伊蒿。”（莪、蒿：都是植物名。）

例 1 等于说“厥土白壤”，就是上文所说的“荀卿，赵人”那种形式。这里的“惟”“维”“繄”“伊”是语气词，没有什么实在的意思，一般可以不译。但是，由于整个句子可以译为“那里土地是白壤”“我的马是骐”“只有有德的人的祭品才是祭品”“不是莪，是蒿”，人们就很容易误认为“惟”“维”和“繄”“伊”相当于“是”，是个判断词，其实，这个“惟”“维”和《诗经·大雅·文王》“周虽旧邦，其命维新”中的“维”是一样的，是个语气词；译文中的“是”并不是用来对译“维”

的，同样也是翻译时加上去的。

变化之二是，主语可以不出现。有一种判断句，它的主语根本不出现，或者是承上省略了，但仍然可以构成判断，仍然是判断句。不过在这种情况下，句尾的语气词“也”字总是不可少的。例如：

1.《论语·微子》：“明日，子路行，以告。子曰：‘隐者也。’”

2.《史记·项羽本纪》：“项王按剑而跽曰：‘客何为者？’张良曰：‘沛公之参乘樊哙者也。’”

前一句“隐者也”的主语根本没有出现，后一句“沛公之参乘樊哙者也”的主语，则是承上文“客何为者”的提问而省略了。像这种缺少主语的判断句，通常出现在对话里。

判断句表达的意义

陈老师：上边主要是从判断句的语言形式这个角度上去说的，下边再从判断句所表达的意义上来说一下。

如果从主语和谓语之间所表示的意义的关系上去看，判断句又有以下几种情况：

（一）判断句基本的作用是用以解释和分类。例如：

1.《史记· 孝文本纪》:“农，天下之本。”

2.《汉书· 张骞李广利传》:“张骞，汉中人也。”

这类判断句从逻辑关系上看，虽然都是讲的“什么是什么”，但是仔细分析一下，显然存在着两种情况：例1是解释，它的判断语和被判断语指的是同一个事物，主语和谓语的关系是“同一”的关系，既可以说成“农是天下之本”，又可说成“天下之本是农”，意思完全一样；例2的情况就有所不同了，它的主语属于谓语的范围之中；“汉中人”包括的范围大，“张骞”只是其中的一个，所以这种判断句是不能倒转过来说的。这是分类。

（二）判断句还可以用来说明原因。例如：

1.《论语· 宪问》:“桓公九合诸侯，不以兵车，管仲之力也。”

2.《韩非子· 五蠹》:“十仞之城，楼季弗能逾者，峭也；千仞之山，跛牂易牧者，夷也。”（楼季：古代善于跳跃的人。跛牂：瘸腿的母羊。）

3.《庄子· 养生主》:“良庖岁更刀，割也；族庖月更刀，折也。”（族庖：一般的厨子。）

4.《战国策· 齐策》:“孟尝君为相数十年，无纤介之祸者，冯谖之计也。”

这一类句子，从形式上看，都是用“××者，××也”或“××，××也”表示的判断句，但它们的作用显然不是表示判断，而是用以说明原因。这种表原因的判断句句尾的“也”，是不能缺少的。

（三）是表比喻的。例如：

1.《资治通鉴·汉纪》：“曹公，豺虎也。”

2.《荀子·王制》：“君者，舟也；庶人者，水也。”

这类判断句的主语和谓语并不是同一事物或同一类别的东西，实际上这是用判断句的形式表示比喻的一种修辞手法。

小李：（有点不解地插问道）以前听刘老师说过，像《曹刿论战》中的“夫战，勇气也”一类的句子也是判断句，这又是属于哪种类型的呢？

小王：（也接着问道）像《冯谖客孟尝君》中的“百乘，显使也”不也是判断句吗？又是属于哪种类型的呢？

陈老师：（经这么七嘴八舌地问，陈老师笑了，他解释说）大家提的这些问题很有意思，像这一类的判断句，在古汉语中并不是个别的，值得研究一下。大家知道，汉语是表现力很强的一种语言，语言的表现形式是多种多样的，富于变化的，所以在读古书的时候，遇到这种用判断句的形式来表达复杂内容的情况，应该灵活地去理解它。前一句显然不是说战争就是勇气，而是说作战是要靠勇气的；后一句也不是说百辆车子就是显赫的使者，而是说配有百辆车子的使臣，是显赫的使者。

判断句里的“为”和“是”

陈老师：在古代汉语中，除了用“者”“也”表判断这种形式外，还有用“为”来表判断的。例如《左传·宣公三年》：“余为百儵，余尔祖也。”这里面的“为”可看作是判断词。但是在上古汉语中，这种形式的判断句是很少见的，“余为百儵”的下一句就没有用“余为尔祖”，而仍然用了“余尔祖也”这种句式，这就是很好的一个说明。在多数情况下，“为”是动词，而不是判断词，译成现代汉语是“变为”“作为”“算作”的意思。例如：

1.《论语·微子》：“四体不勤，五谷不分，孰为夫子？”

2.《史记·项羽本纪》：“如今人方为刀俎，我为鱼肉，何辞为！”

3.《左传·襄公二十六年》：“晋为盟主，诸侯或相侵也，则讨之。”

例1的“孰为夫子”是“谁算作夫子”的意思，而不是“谁是夫子”；例2的“人方为刀俎，我为鱼肉”是说“人家作为刀俎，我们变为鱼肉”的意思，而不是“是刀俎，是鱼肉”；例3的“晋为盟主”是“晋国作为盟主”的意思，而不是“晋国是盟主”。

小李：上边讲的我们都懂了，只是对有些句子里用的“是”字还有点疑问。像《论语·季氏》“夫颛臾，昔者先王以为东蒙主，且在邦域之中矣，是社稷之臣也”，《左传·僖公三十年》“吾不能早用子，今急而求子，是寡人之过也”，这两个句子里的“是”字，应该怎么理解呢？

陈老师：这里我还要强调一下，古汉语的判断句的根本不同之点，是上古汉语的判断句一般不用判断词，特别是不用像现代汉语里的“是”这个判断词。这并不是说上古汉语中没有这个“是”字，只是说上古汉语里的“是”字一般不作判断词用，主要作指示代词用。像小李上边提到的那两个句子就属于这种情况。“是社稷之臣也”是说“这（颛臾）是国家的臣子”，“是寡人之过也”是说“这（吾不能早用子，今急而求子）是我的过错”。这两个句子里的“是”都是指示代词，而且又都是作主语的。这种语言习惯一直延续到清代人的文言文中，如康有为《礼运注叙》：“不求进化，泥守旧方，是失孔子之意而大悖其道也。”

小王：那么，是不是古代汉语中的“是”都不是判断词呢？

陈老师：那倒不是。作为判断词的“是”在战国末期就开始产生了，到魏晋以后就用得逐渐多起来。像《桃花源记》中“问今是何世”的“是”就是判断词。但是在传统的古文中，判断词“是”一般还是不用的。

古汉语的被动句

陈老师：（喝了杯水，环视了一下大家，接着说）判断句就讲到这里，下边准备再讲一讲古代汉语的被动句。

说到被动句，我想起了两个月以前发生的一件事；一天晚上，我到二年级一个宿舍里去辅导，刚一进门，一个同学上来就问：“陈老师，我真有点不相信，这狡猾的张仪难道还会被别人欺骗吗？”当时我被这没头没脑的问话愣住了，等我看了看他手里拿的那本书，才明白了，原来他把《史记》上的一句话的句法结构理解错了。那句话是这么说的：“（怀王）内惑于郑袖，外欺于张仪。”意思是说：“楚怀王内部被郑袖迷惑，外部被张仪欺骗。”这不就是古代汉语的被动句吗？那位同学的错误就在于他把被动句理解为主动句了。

所谓“被动”，是就主语和动词的关系来说的。我们知道，主动句里的主语，是动作的发生者（或叫作施事者），像“京叛大叔段”“晋侯秦伯围郑”等这类句子就是。而被动句里的主语却是动作的对象，也就是说不是动作行为的施事者，而是受事者。还是就刚才那句话来说吧，主语是“怀王”，动词是“惑”和“欺”，但是这些动作行为却不是主语“怀王”发出来的，而是动词谓语后边的“郑袖”和“张仪”发出来的。

用“于”字的被动句

小王：那施事者怎么会跑到动词的后边去了呢？

陈老师：是介词“于”“介绍”过去的嘛。在古代汉语的被动句里，介词“于”的作用就是引进动作行为的主动者，并且总是把它放在动词谓语的后边。这里大家要了解，介词“于”本身并不表被动，它的作用只是引进动作行为的主动者，这个句子之所以成为被动句，主要是因为动词用于被动的意义了。例如《左传·成公二年》“郤克伤于矢”，如果把“于矢”去掉，“郤克伤”不同样是个被动句吗？就是“郤克被伤害”的意思嘛。同样，屈原《九歌·国殇》“左骖殪兮右刃伤”，这个“伤”后面并没有“于刃”（因为“刃”已经作为状语放在前面了），但被动的意思仍然很清楚。为什么“伤”本身可以表示被动呢？这是因为，汉语中的动词（主要是及物动词），通常是既可以表示主动，又可以表示被动，这一点在下面还要讲到。不过话又说回来了，由于介词“于”引进了行为的主动者，使得动词的被动意义就更加明显了。这种被动句我们可以再举几个：

1.《左传· 成公二年》:“郤克伤于矢，流血及屦。”（屦：鞋。）

2.《战国策 · 齐策四》：“孟尝君逐于齐而复反。”

3.《汉书· 贾邹枚路传》:“然而兵败于陈涉，地夺于刘氏者，何也？”

《汉书 · 陈胜项籍传》：“先发制人，后发制于人。”

以上这些被动句，是用“于”字作标志的被动句的较常见较典型的形式。当然，还有变式，像《赤壁之战》里的“荆州之民附操者，逼兵势耳”就是。实际上应该是“逼于兵势耳”，即“被兵势逼迫”的意思，显然，这里在动词谓语“逼”的后面省掉了介词“于”。这种情况在古代汉语里虽不多见，但却应该引起我们的注意，因为它没有表被动的语法标志，主语的被动性只能从意思上去理解，弄不好就很容易搞错。

小王：（忙插话说）在古代汉语里，是不是所有带“于”字的句子都是被动句呢？

陈老师：（笑着说）不是的。并不是古汉语所有的“于”字句都是被动句。介词“于”好像个介绍人，它在动词的后面时，除了能引出动作行为的主动者表被动之外，还可以引出动作的时间处所等。像柳宗元《捕蛇者说》里的“自吾氏三世居是乡，积于今六十岁矣”和《曹刿论战》里的“战于长勺”等，就不是被动句。“积于今六十岁矣”是说“算到现在已经六十年了”，这里的“于”字结构是表时间的；“战于长勺”就是“在长勺作战”的意思，这里的“于”字结构则又是表处所的。

当然，有的句子里的“于”究竟是表被动还是表处所，不太好分。例如《孟子·梁惠王上》“及寡人之身，东败于齐，长子死焉”，这里的“于齐”是“被齐国打败”呢，还是“在齐国被打败”呢？不大好区分。如果接着读下去，下文是“西丧地于秦七百里，南辱于楚”，这样就可以知道，这里面的“齐、秦、楚”，都不是指处所（因为“西丧地于秦”是“在西面把土地丢给了秦国”的意思，“秦”作处所讲就讲不通），所以“东败于齐”，也应该是“被齐国打败”。又如上面举的“孟尝君逐于齐”，从字面看，也可以理解为“在齐国被驱逐”。为什么说它是被动句呢？这也只能根据文意来判断，因为这句话指的是孟尝君被罢相后就国于薛，薛仍在齐国境内，由此可知，这句话不是说“在齐国被驱逐”，而是说“被齐国（的国君）驱逐”。

古汉语中有语法标志的被动句式，除了上述形式之外，常见的还有用介词“为”“被”“见”等作标志的。

用“为”字的被动句

陈老师：用介词“为”字作为表被动的标志的被动句，一般地说有以下几种形式：

（一）在“为”和动词之间出现动作的主动者。例如：

1.《庄子· 天下》：“道术将为天下裂。”

2.《韩非子· 五蠹》：“而身为宋国笑。”

3.《史记· 项羽本纪》：“吾属今为之虏矣。”（吾属：我辈。）

4. 贾谊《过秦论上》：“身死人手，为天下笑者，何也？”

“道术将为天下裂”就是“道术将被天下割裂”的意思，“道术”是主语，但它并不是施动者，而是受动者，是动词“裂”的对象，是被割裂的，“裂”这个动作行为的主动者是“天下（天下人）”。这里我们不难看出，在用“为”字作标志的被动句中，行为的主动者的位置总是放在动词的前面，这和现代汉语的“被”字句的情况是一样的。

（二）“为”字直接放在动词前面，动作行为的主动者不出现。例如：

1.《战国策· 燕策》：“父母宗族，皆为戮没。”

2.《韩非子·饰邪》:“则夫差为擒。”

3.《左传·文公十三年》:“若背其言，臣死，妻子为戮，无益于君，不可悔也。”

4.《史记·陈涉世家》:“吴广素爱人，士卒多为用者。”

（三）汉代以后，用“为”字作标志的被动句发展成为“为……所”式，把动作行为的主动者放在“为”和“所”的中间。例如：

1.《史记·魏公子列传》:“嬴闻如姬父为人所杀。”

2.《史记·淮阴侯列传》:“今足下虽自以与汉王为厚交，为之尽力用兵，终为之所禽矣。”

3.《资治通鉴·汉纪》:“今不速往，恐为操所先。”

4.《三国志·诸葛亮传》:“亮与徐庶并从，为曹公所追破。”

小李:（若有所思地问道）嗯……陈老师，这个“所”字用在这儿是干什么的呢？

陈老师：说法不一。我们认为它是动词的词头，它本身没有什么词汇意义，只有语法意义，“所杀”等于“杀”，“所追破”等于“追破”。这种表被动的形式，在现代汉语里不是还一直沿用着吗？像“这些名牌产品，一直为群众所喜爱”，就是这种语言形式嘛，所以我们掌握起来并没有多大的困难。所不同的是，在古代汉语里，“为”字所引进的动作行为的主动者，有时可以不出现，这是“为……所”表被动的又一种形式。例如：

1.《三国志· 武帝纪》：“岱不从。遂与战，果为所杀。”

2.《史记· 李将军列传》：“其射猛兽，亦数为所伤云。”

用“被”字的被动句

陈老师：介词“被”字在古汉语的被动句里，称得上是年轻的老资格。

我们说它“老”，是因为远在战国末期它就开始用于被动句了，历史可谓很久了，确实是老资格了；我们说它“年轻”，则是因为它作为一个纯粹的表被动的标志，还是汉代以后的事。当“被”字早期出现在被动句中的时候，它并不是一个纯粹的表被动的标志，它的动词性还比较强，还往往包含着“遭受”“蒙受”等意思，且不出现动作行为的主动者。例如：

1.《战国策· 齐策》：“国一日被攻，虽欲事秦不可得也。”

2.《史记· 屈原贾生列传》：“信而见疑，忠而被谤。”

“攻”和“谤”都是动词，“被”字放在它们的前面表被动，“被攻”“被谤”都含有“蒙受”的意思。后来逐渐虚化，变成了一个纯粹表被动的标志，而且从东汉末年以后，在“被”字的后面出现了动作行为的主动者。例如：

1. 蔡邕《被收时表》：“今月十三日，臣被尚书召问。”
2.《生经》：“被火焚烧。”
3.《三国志· 三少帝纪》：“吾被皇太后征，未知所为。”
4.《世说新语· 方正》：“亮子被苏峻害。”

用“见”字的被动句

陈老师：除以上三个介词外，古汉语里还经常用介词“见”字放在动词之前形成被动句式。“见”字不能引进动作行为的主动者，即不能带宾语，这是它和“于”“为”“被”的显然不同之处。例如：

1.《史记· 廉颇蔺相如列传》：“秦城恐不可得，徒见欺。”
2.《荀子· 正论》：“人皆以见侮为辱。”

如果需要引进动作行为的主动者，就要在动词谓语后面另用“于”字结构配合。例如：

1.《史记·楚世家》：“先绝齐而后责地，则必见欺于张仪。”

2.《庄子·秋水》：“吾长见笑于大方之家。”

“见欺于张仪”就是“被张仪欺骗”，“见笑于大方之家”就是“被大方之家笑”，这里用介词“于”字引进了动作行为的主动者“张仪”和“大方之家”。

小李：陈老师，“见笑”是“被笑”的意思，那么我们平常说的“你可别见笑”，又怎么理解呢？如果“见”表示被动，那不就成了“你可别被笑话”了吗？

陈老师：现在口语中所说的“见笑”和《庄子》中的“见笑”不一样，“你可别见笑”的“见”不是表示被动的，而是表示“对我怎么样”的，这里的“见笑”等于说“笑话我”。现在口语中还有“见教”“见怪”等说法，都是说“教导我”“责怪我”。不过这种用法不是现代汉语中才有的，它在古汉语中就有，在现代汉语中倒是文言成分的残留。大家读过李密的《陈情表》吧？还记得这样一句话吗？“生孩六月，慈父见背。”这绝不是说“慈父被背弃了”，而是说“慈父背弃了我”（是“父亲死去”的委婉语）；又如，《后汉书·刘焉袁术吕布列传》：“（吕布）因往见司徒王允，自陈卓几见杀之状。”这是说“吕布向王允陈述董卓几乎被杀的情况”吗？不是的，如果是的话，在“陈”字前面就不必有“自”字了；这里所说的是“自己陈述董卓几乎杀了自己（吕布）的情况”，这个“见”字的用法和“慈父见背”的“见”是一样的。这种“见”字由表被动的“见”发展而来，《毛诗·褰裳》序：“思见正也，狂童恣行，国人思大国之正己也。”疏：“见者，自彼加己之词。”所谓“自彼加己”，就是一个动作由别人加给自己。这是解释“思见正”这句话的。“思见正”既可以理解为“想要被（别的大国）纠正”，也可以理解为“想要（别的大国）纠正自己”。从这里我们可以看到“慈父见背”的“见”和表被动的“见”之间的联系。但说它们有联系，并不等于说它们是一码事，“慈父见背”和“卓几见杀”等处的“见”，如果还拿“被”来解释，就解释不通了。

总之，古汉语的被动句式，基本上有两大类型：有语法标志的和没有语法标志的。有语法标志的已如上述，没有语法标志的被动句式，则是指的从形式上看没有表被动的标志，可是从意义上看却又是表被动的意思那类句子。这类句子的主语的被动性是显而易见的。比如现代汉语中就有“碗打破了”的说法，其实际意思应该是“碗被打破了”。古汉语中也有类似的情况，如《史记·屈原贾生列传》的“兵挫地削，亡其六郡”，《荀子·劝学》的“锲而不舍，金石可镂”，就是这种类型的句子。前者的“兵”是被“挫”的，“地”是被“削”的；后者的“金石”是被“镂”的，它们的主语都是后面的动词所表示的动作行为的受事。可是，有些语法书上不认为这类句子是被动句，他们认为这是“以主动句的形式表被动的意思”。我们认为，这仍然应该算作被动句，是意念上的被动句。下边这个句子就很能说明这个问题，《韩非子·五蠹》：“冀复得兔，兔不可复得。”两个“兔”字在意义上都是“得”的受事，但它们在两个句子中的地位却是不一样的，前一个句子里的“兔”字是宾语，后一个句子里的“兔”字是主语。后一句虽然在语法上没有任何表被动的标志，但是其被动的意思是很清楚的，人们可以很容易把它和主动句分开。好吧，今天就讲到这里。

练习题

（一）下列句中的“是”字哪些是判断词，哪些不是。

1.《孟子· 梁惠王上》：“故王之不王，非挟泰山以超北海之类也；王之不王，是折枝之类也。”

2.《荀子· 不苟》：“故千人万人之情，一人之情是也。”

3.《战国策· 赵策》：“所贵于天下之士者，为人排患释难、解纷乱而无所取也；即有所取者，是商贾之人也。”

4. 陶渊明《桃花源记》：“问今是何世，乃不知有汉，无论魏晋。”

（二）指出下列句子哪些是判断句，哪些不是。

1.《孟子· 公孙丑上》:“量敌而后进，虑胜而后会，是畏三军者也。”

2.《孟子· 离娄下》:“晋之乘，楚之梼杌，鲁之春秋，一也。”

3.《荀子· 荣辱》:“故君子者，信矣，而亦欲人之信己也；忠矣，而亦欲人之亲己也。”

4.《庄子· 达生》:“臣工人，何术之有？”

5.《史记· 屈原贾生列传》:“离骚者，犹离忧也。”

6.《史记· 日者列传》:“此夫为盗不操矛弧者也，攻而不用弦刃者也，欺父母未有罪而弑君未伐者也。”

（三）指出下列句子哪些是被动句，哪些不是。

1.《战国策· 齐策》:“文倦于事，愦于忧，而性愚懦，沉于国家之事，开罪于先生。”

2.《庄子· 养生主》:“吾知其难为，怵然为戒，视为止，行为迟。”

3.《韩非子· 难言》:“言顺比滑泽，洋洋纚纚然，则见以为华而不实。”

4.《史记· 萧相国世家》:“平阳侯曹参身被七十创。”

5.《汉书· 赵尹韩张两王传》:“章由是见疑，遂为凤所陷。”

6. 王安石《答司马谏议书》:“故今具道所以，冀君实或见恕也。”

第八讲　古代汉语的词序

又是一个星期天。上午，小王、小李、小张等同学相继来到了。陈老师同大家打了招呼，简单地问了几句话，就开始讲课了。

陈老师：这一讲我们要讲一个新的题目：古代汉语的词序。

什么叫作“词序”呢？顾名思义，就是一个句子里词的排列顺序。一般说来，汉语的词在句子中的排列次序是比较固定的，古今变化也是比较小的。比如说，主语在谓语的前边，动词在宾语的前边，修饰语在被修饰语的前边等，这些情况，古今汉语基本上一致。但是，随着时间的变迁，语言的发展，古今汉语词序也是有它一定的差异的，不过这种差异也只能说是大同小异吧。“大同”的情况就不必讲了，只准备讲一讲“小异”。那么这“小异”又异在何处呢？主要异在宾语的位置上（包括动词的宾语和介词的宾语）。另外表示动作数量的词序古今也有不同，谓语的位置和定语的位置问题也准备谈一谈。

下面先说一下宾语的位置问题。

宾语前置的三种形式

陈老师：在先秦汉语中，宾语在一定条件下要放在动词的前面，具体来说，在下列三种语法条件下，宾语都放在动词的前面：

（一）疑问代词作宾语。

古汉语的疑问代词，最常见的有以下几个：谁、奚、曷、何、胡、恶、安、焉等，这些疑问代词在句子里作宾语时，一定要放在动词的前边。例如：

1.《庄子·逍遥游》："彼且奚适也？"

2.《晏子春秋·晏子使楚》："缚者曷为者也？"

3.《资治通鉴·汉纪》："卿欲何言？"

4.《韩非子·难一》："方此之时，尧安在？"

5.《左传·僖公十四年》："皮之不存，毛将焉傅？"

6.《左传·成公三年》："臣实不才，又谁敢怨？"

7.《论语·子罕》："吾谁欺？欺天乎？"

"奚适"，就是"适奚"（去哪里），"曷为"就是"为曷"（干什么），"何言"就是"言何"，"安在"就是"在安"（在哪儿），"焉傅"就是"傅焉"（附在哪儿）。不过最后这两个例子我要特别说一下:“又谁敢怨”是“又敢怨谁”的意思，这里大家应该注意，和前几个例句比较起来，这里又多了一个“敢”字，“敢”是助动词（也叫“能愿动词”)，它的位置总是紧靠着动词放在动词的前边。这样一来，这里就有个问题了，如果动词前面还有助动词的话，那么这个被前置的宾语放在何处呢? “又谁敢怨”这个例子告诉我们，要把前置的宾语放在助动词的前面，大家还应该注意最后这个例句，它是比较有启发性的。我们看，“谁”和“天”同是动词“欺”的宾语，但是因为“谁”是个疑问代词，所以要放在“欺”的前面，“天”不是疑问代词，而是个一般的名词，所以放在“欺”的后面了……

小王:（突然插问道）陈老师，疑问代词作动词的宾语时要前置，经你这么一讲我们明白了，那么作介词的宾语时是不是也要前置呢?

陈老师:（笑着说）是的，疑问代词作介词的宾语时，也要放在介词的前面。例如:

1.《战国策· 齐策》:“胡为至今不朝也?”

2.《左传· 成公三年》:“子归，何以报我?”

3.《战国策· 赵策》:“曷为久居此围城之中而不去也?”

4.《庄子· 逍遥游》:“彼且恶乎待哉?”

这里的“为”“以”都是介词，例4的“乎”也是介词。这里我还要多说一句，大家不要误解，绝不要把这种语言环境中的“乎”字误认为是语气词；它和“为”“以”一样，同是介词，这个“乎”实际上等于“于”。它们的宾语“胡”“何”“曷”“恶”是疑问代词，所以都要放在它们的前面。“胡为”就是“为胡”（为什么），“恶乎”就是“乎恶”，“乎恶待”就是“依赖于什么”的意思。

这里我们还应该明确一点：按照语言习惯，“胡”和“曷”经常和介词“为”相搭配，“恶”经常和介词“乎”相搭配，“何”则和“以”“为”“由”“从”等介词都可以搭配。

在先秦时期，这种疑问代词宾语前置的规律还是相当严格的，很少有例外，只有“何如”有时也可以说成“如何”，可是在先秦时期它们就已经是两个同时并存的凝固形式了，它们的意思已经不是“像什么”，而是“怎么样”或“怎样”的意思。例如：

1.《孟子·梁惠王上》：“以五十步笑百步，则何如？”

2.《左传·僖公四年》：“岂不谷是为？先君之好是继。与不谷同好，如何？”

小王：（忙问道）陈老师，你这么一讲，倒使我想起了平常读古文的时候，经常碰到像“如何”啦，“何如”啦，“若何”啦，“奈何”啦，“若之何”啦……把人都有点弄糊涂了，这究竟是怎么回事啊？

陈老师：这几个词的用法有同有异。在上述例句中的“如何”或“何如”（表示“怎么样”）不能换成“若何”“若之何”；但在另一种意思上，“如何”又可以说成“若何”“奈何”。比如：

1.《国语· 晋语二》：“里克将杀奚齐，先告荀息曰：‘三公子之徒，将杀孺子，子将如何？’”

2.《左传· 昭公二十七年》：“吾无以酬之，若何？”

3.《史记· 廉颇蔺相如列传》：“王曰：‘取吾璧，不予我城，奈何？’”

这里的“如何”“若何”“奈何”都含有对某件事或某个问题不知道应该如何作出处置的意思，略等于现代汉语的“应当怎么办呢”的意思。

不但如此，并且还可以在这种“如何”“若何”“奈何”中间插入代词、名词或者表示某种情况的词组，成为“如……何”“奈……何”“若……何”的格式，意思是“对……怎么样”。例如：

1.《论语·颜渊》："哀公问于有若曰：'年饥，用不足，如之何？'"（年饥：年成不好。）

2.《列子·汤问》："以君之力曾不能损魁父之丘，如太行王屋何？"

3.《史记·商君列传》："公叔病有如不可讳，将奈社稷何？"（不可讳：指死亡。）

4.《韩非子·十过》："吾城郭已治，守备已具，钱粟已足，甲兵有余，吾奈无箭何？"

5.《左传·僖公十五年》："晋侯谓庆郑曰：'寇深矣，若之何？'"

6.《国语·晋语三》："置而不遂，击而不胜，其若为诸侯笑何？"

（二）否定句代词作宾语。

这一条宾语前置的规律，实际上包含了两个条件：a. 整个句子必须是否定句（即带有否定词的句子），b. 作宾语的必须是代词。那么，古代汉语中常用的否定词有哪些呢？有"不""未""毋""莫"等。"不""未""毋"是表否定的副词，"莫"是表否定的无定代词。常用的代词则有"我""吾""余""女""尔""之"等。例如：

1.《商君书· 更法》:“拘世以议，寡人不之疑矣。”

2. 贾谊《论积贮疏》:“民不足而可治者，自古及今，未之尝闻。”

3.《国语· 齐语》:“邻国未吾亲也。”

4.《左传· 宣公十五年》:“我无(毋)尔诈,尔无(毋)我虞。”

5. 诸葛亮《隆中对》:“每自比于管仲、乐毅,时人莫之许也。”

6.《左传· 昭公十二年》:“今郑人贪赖其田，而不我与，我若求之，其与我乎?”

例1的“寡人不之疑矣”是“寡人不疑之”的意思；例2的“未之尝闻”是“未尝闻之”的意思，例3、例4、例5、例6、例7则分别是“未亲吾”“我无诈尔、尔无虞我”和“莫许之”“不与我”的意思。这里的最后一个例句是很有启发性的，它的第一个分句“不我与”因为是否定句，所以代词宾语“我”就前置了，第二个分句“与我”不是否定句，因此“我”就没有前置。

讲到这里，我还要提出来以下三点，请大家注意，第一点：宾语如果不是代词，整个句子即便是否定句，宾语也不前置。例如：

1.《战国策· 齐策一》:“宫妇左右莫不私王，朝廷之臣莫不畏王。”

2.《左传· 成公二年》:“郤克伤于矢，流血及屦，未绝鼓音。”

3.《荀子· 劝学》:“故不登高山，不知天之高也；不临深溪，不知地之厚也。”

4.《史记· 淮阴侯列传》:“信乃令军中毋杀广武君。”

第二点：有些词（如“君”“子”等）虽然有一定的称代作用，但因为它们究竟不是代词，而是名词，所以，即使在否定句中作宾语，也不前置。例如：

1.《庄子· 秋水》:“我非子，固不知子矣。”

2. 岑参《白雪歌》:“山回路转不见君，雪上空留马行处。”

否定句“不知子”“不见君”里的“子”和“君”都没有前置。在古汉语中，我们还没有见到过“不子知”“不君见”这种形式。

第三点：带否定副词“弗”“勿”的否定句，一般总是不带宾语的，因此也就不存在宾语前置的问题了。但是，如果带上了代词宾语，同样要前置的。像《韩非子· 孤愤》:“大臣执柄独断，而上弗之收，是人主不明也。”就属于这种情况。这里的“弗之收”就是“弗收之”的意思。

小李：陈老师，既然否定句代词作宾语时要前置，那么为什么像《诗经·王风·黍离》上的“不知我者，谓我何求”，还有《论语·阳货》上的“其未得之也，患得之”等，这些否定句里，代词“我”“之”等就没有前置呢？

陈老师：小李读书很细心，值得大家学习。这里应该向大家说明的是，否定句代词前置的规律，没有疑问代词宾语前置的规律那么严格。可以这么说，在先秦古文中，否定句的代词宾语多数都是前置的，但也有部分是后置的。例如：

1.《管子·封禅》：“九合诸侯，一匡天下，诸侯莫违我。”

2.《左传·襄公二十八年》：“有事而不告我。”

3.《论语·泰伯》：“吾不知之矣。”

这里告诉我们，远在先秦时期，否定句中的代词宾语就出现了前置和后置两种形式并存的现象，根据这个情况，我们可以这样推断：从先秦时期起，否定句中的代词宾语就已经开始从前置向后置发展了。秦代以后，这种发展实际上已经完成了。至于后代的一些作家在写古文的时候仍旧按照先秦的那种种语言格式前置宾语，那显然是为了仿古的缘故。

（三）宾语用代词复指。

这一种类型的宾语前置，实际上是为了强调和突出所表达的内容。它的特点是：宾语前置的时候，还要在宾语的后面用“之”“是”“实”“焉”等代词复指一下，而这些用来复指的代词，也要放在动词的前面。例如：

1.《商君书· 更法》:“前世不同教，何古之法？帝王不相复，何礼之循？”

2.《左传· 僖公五年》:“臣闻之，鬼神非人实亲。”

3.《左传· 僖公四年》:“齐侯曰：‘岂不穀是为，先君之好是继。’”

4.《左传· 隐公六年》:“我周之东迁，晋郑焉依。”

例 1 的“何古之法”“何礼之循”是“法何古”“循何礼”的意思，这里是用“之”复指把宾语提到动词的前面去的；例 2 的“非人实亲”是“非亲人”的意思，这里是用“实”复指把宾语提到动词的前面去的；例 3、例 4 是“为不谷”“继先君之好”“依晋郑”的意思，这里又是用“是”和“焉”复指把宾语“不穀”“先君之好”“晋郑”提到动词前面去的。这种宾语前置的格式，还有一种情况应该附带说一下，即在宾语的前面有的加上一个“唯（惟）”字，构成一种“唯（惟）……是……”的格式。例如：

1.《左传· 宣公十二年》:“率师以来，唯敌是求。”

2.《左传· 昭公十二年》:“今周与四国服事君王，将唯命是从。”

3.《论语· 为政》:“父母唯其疾之忧。”

4. 柳宗元《答元饶州论政理书》:“舍其产而唯丁田之问。”

“唯敌是求”就是“唯求敌”的意思，“唯其疾之忧”就是“唯忧其疾”的意思，其余以此类推。这里由于使用了“唯……是……”“唯……之……”这种语言格式，不但强调了宾语在句子里的作用，而且还表示了动作行为的对象（即宾语）的单一性和排他性。大家想一想，在现代汉语，是不是还有这种语法格式的遗留呀？

小王：有。像“唯你是问”呀，“唯利是图”呀，“唯命是听”呀，等等，不都是的吗？

陈老师：（点了点头说）是的，现代汉语里的这些语言形式都是古代汉语语法的遗留。

小张：陈老师，我还有个问题，如果作宾语的成分本身就是代词，是不是还要用这种格式强调宾语呢？也就是说，是不是代词宾语前置还用代词“之”“实”“是”“焉”等来复指呢？

陈老师：这个问题提得很好，下面我就进一步谈一谈。

这里有两种情况：

一种情况是仍旧按照这种语法格式提前宾语并用代词复指，不过，在这种情况下用来复指的代词一般只用“之”。例如：

1.《左传·隐公元年》：“诗曰：‘孝子不匮，永锡尔类。’其是之谓乎？”

2.《穀梁传·僖公二年》：“语曰：‘唇亡则齿寒。’其斯之谓与？”

这种格式里的“是之谓”“斯之谓”等，已经逐渐形成古文中一种常见的凝固形式了，一般可以翻译成“说的就是这个”。显而易见，这里的“斯”和“是”并不是主语，而是宾语，这一点是清楚的。

另一种情况是，不再用代词复指，直接把作宾语的代词放到动词的前边，不过，在此种情况下，用来作宾语的代词一般只用“是”。例如：

1.《左传·僖公四年》：“昭王南征而不复，寡人是问。”

2.《诗经·周南·葛覃》：“维叶莫莫，是刈是濩。”（刈：收割；濩：煮。）

这里的“寡人是问”不要误解为“问寡人”，而是“寡人问是”，也就是“寡人问这件事情”的意思。同样，“是刈是濩”就是“刈是濩是”的意思。

也有“尔”“予”等代词宾语直接放在动词前面的，但很少见。例如：

1.《尚书 · 大诰》：“民献有十夫予翼。”（予翼：辅助我。）

2.《诗经· 小雅· 节南山》：“赫赫师尹，民具尔瞻。”（尔瞻：看着你。）

从上述情况不难看出，古汉语中为了强调和突出宾语所表达的内容，总是用“是”“实”“之”“焉”等代词复指，把宾语提前。这是古汉语经常使用的一种提前宾语的语法手段。但是，当我们要把这种格式翻译成现代汉语的时候，这些用来复指的代词，往往是无法译出来的。同时，对于这种格式的翻译，可以根据具体情况灵活掌握，灵活处理。像“将虢是灭”，既可以翻译成“将要把虢国灭掉”，又可以翻译成“将要灭掉虢国”，前者是通过“把”字把宾语（虢国）放到动词谓语之前来翻译的，后者则又把宾语放到动词谓语之后来翻译了，意思不变，译法灵活。

表示动作行为数量的词序

陈老师：除了宾语前置这种情况外，古代汉语中表示动作行为数量的词序和现代汉语也是大不相同的。

现代汉语在表示动作行为的数量时，一般总是把表示动量的词放在动词之后。比如说“跑两趟”呀，“念三遍”呀，“吃一口”呀，“打一拳”呀，等等，都是如此。而古代汉语（特别是上古汉语）则与此不同。上古汉语的动作行为数量的表示法基本上有两种形式：一种是只用数词不用量词，即是把数词直接放在动词的前面表示动作行为的数量。这是一种最常见的形式。有人还把这种形式编了个顺口溜，叫作“先秦无动量，数词直作状”。意思是说，在先秦时代没有表示动量的量词，表示动作行为的数量的时候，总是把数词直接放在动词的前边。例如：

1.《列子·汤问》：“寒暑易节，始一反焉。”

2.《史记·廉颇蔺相如列传》：“于是秦王不怿，为一击缶。”（怿：高兴。）

3.《墨子·公输》：“公输盘九设攻城之机变，子墨子九距之。”

“一反”可译成“回去一次”，“一击缶”“九设”“九距”可译成“敲了一下瓦缶”“设了九回”“抵挡了九回”。可以看出，由古代汉语翻译成现代汉语之后，不光是数词移到了动词之后，而且还加上了表示动量的量词。古代汉语的这种表动量的词序，在现代汉语的一些成语中还有保存，像“三思而行”“千变万化”“千锤百炼”“百战百胜”等就是的。

除了这种最常见的形式之外，先秦计算动作行为数量的方法还有另一种形式。

由第一种形式我们知道，上古汉语的动量表示法，一般是数词放在动词的前边作为状语来修饰动词的。可是，当人们为了强调某一动作行为的数量时，往往改变这种句式，办法是把数词从动词前面移到句子末尾，并在这个数词的前面加一个“者”字，使“者”字前面的词语成为全句的主语，移到句子末尾的数词，则成为全句的谓语了。这样，数词的地位自然就显得突出了。例如：

1. 柳宗元《捕蛇者说》:“盖一岁之犯死者二焉。”

2.《战国策·赵策三》:“鲁仲连辞让者三。”

谓语、定语的位置

陈老师：至于谓语的位置，古今汉语也还存在着某些差异。

大家知道，汉语里的主语和谓语的次序，一般总是主语在前谓语在后的。但是在古汉语中，有时为了强调和突出谓语部分，可以把谓语放在主语的前面，这种句式就叫作谓语的前置。而这种前置的情况，则往往出现在感叹句和疑问句中，以加强感叹和疑问的语气。例如：

1.《列子·汤问》:“甚矣，汝之不惠！”

2.《论语·雍也》:“贤哉，回也！”

3.《礼记·檀弓》:“夫子闻之，曰：‘谁与，哭者？’”

4.《论语·颜渊》:“何哉，尔所谓达者？”

例1、例2是感叹句的谓语前置，例3、例4是疑问句的谓语前置。“甚矣”提到“汝之不惠”的前边，意思是“你的不聪明到极点了”。“何哉”提到“尔所谓达者”的前边，意思是“是什么呢，你所说的通达？”“贤哉”提到“回也”的前边，意思是“真是个贤人啊，颜回！”“谁与”提到“哭者”的前边，意思是“是谁呀，哭的人？”这样一来，显然强调和突出了谓语的语意，起到了加强感叹语气和疑问语气的作用。反之，如果不把谓语提前，而是按照一般主前谓后的语序来表达，说成“汝之不惠甚矣”“回也贤哉”等语言形式，相形之下其语意就显得非常平淡了，语气也就显得减弱了。

小王：古代汉语中宾语、谓语的位置都可以和现代汉语有不同，定语的位置有没有不同呢？有没有定语后置的？

陈老师：有些书上也提到了“定语后置”这个说法。例如韩愈《马说》“马之千里者，一食或尽粟一石”。在这个句子中，有人认为“粟一石”是定语后置，“马之千里者”也是定语后置。此外像屈原《九章·涉江》“佩长剑之陆离兮，冠切云之崔嵬”，也有人认为是定语后置；但这种句子是诗歌中特有的句式，这里不讨论。我们要着重讨论一下“粟一石”和“马之千里者”这两种情况。

（一）在先秦的古汉语中，表物量的数量词一般是放在名词后面的。例如：

1.《左传·昭公十三年》：“子产以幄幕九张行。”（九张：九顶。）

2.《史记·留侯世家》：“汉王赐良金百镒，珠二斗。”

在先秦时，表物量的数量词也有放在名词前面的，如《论语·雍也》“一箪食，一瓢饮”，但比较少。而到现代汉语中，就全都是放在名词前面了。这一点古今汉语显然是不同的。如果把数量词看作定语，把名词看作中心语，把古汉语中数量词放在名词后面的这种情况称为“定语后置”，也是可以的。但我们要明白一点：古汉语中名词和它后面数量词之间的关系，和一般所说的定语、中心语的关系不完全一样。为什么这样说呢？

a. 名词数量的表达法，最早是这样一种形式：

孚（俘）人万三千八十一人，孚马□匹，孚车卅两（辆），孚牛三百五十五牛，羊卅八羊。（西周金文，转引自王力《汉语史稿》第三章）

如果我们把“□匹”和“卅两”看作马和车的定语，并且认为这是定语后置的话，那么就必须把“万三千八十一人”和“卅八羊”也看作是定语后置。但是如果我们按一般的词序，把定语放到中心语前面去的话，“□匹马”“卅两车”，固然可以讲得通，而“万三千八十一人人”和“卅八羊羊”就讲不通了。由此看来，放在名词后面的数量词，性质和定语不完全相同。

b. 我们还可以看到这样的句子：

1.《左传 · 襄公二年》：“莱人使正舆子赂夙沙卫以索马牛皆百匹。”（索马牛：好的马牛。）

2.《史记 · 货殖列传》：“唯桥姚已致马千匹，牛倍之，羊万头。”

例1中，在“马牛”和“百匹”中间有副词“皆”字，王力先生《汉语史稿》特意指出了这一点，说“可见上古单位词有它的独立性，并非必须粘附于名词”。这是说得很对的。如果说这是定语后置，显然有困难。例2中“马千匹，牛倍之，羊万头”都是并列的，作“致”的宾语。“马千匹”和“羊万头”当然可以说成是定语后置，即“千匹马”“万头羊”，但“牛倍之”呢？显然“倍之”不是“牛”的定语，而“千匹”和“万头”在句中的位置又和“倍之”是完全一样的。我想应该这样来体会古人的文意：送来了马，其数千匹；送来了牛，其数倍之；送来了羊，其数万头。这更可以看出，“千匹”“万头”和“倍之”一样，不是定语。

在《聊斋志异·促织》文中，有这样的句子：“不数岁，田百顷，楼阁万椽，牛马蹄躈各千计。”在这样的句子中，“百顷”“万椽”就绝不是后置的定语，而是句子的谓语了。

小张：《促织》的这个例子倒是很清楚的，但《左传》“子产以幄幕九张行”中的“九张”，不算定语又算是什么句子成分呢？

陈老师：这种句式，现代汉语中也是有的。比如，我们既可说“节约了一万元人民币”，也可以说“节约了人民币一万元”。“人民币一万元”不应看作定语后置，而仍应看作“定

语 + 中心语”。人民币，这个定语是用来说明中心语“一万元”的：不是美金的一万元，也不是法郎的一万元，而是人民币的一万元。“幄幕九张”也可以同样地理解。

（二）“马之千里者”，这种结构，在古汉语中也很常见。如：

1.《论语· 卫灵公》：“事其大夫之贤者，友其士之仁者。”

2. 苏轼《石钟山记》：“石之铿然有声者，所在皆是也。”（所在：到处）。

中间的“之”字也可以不用。例如：

3.《战国策· 齐策四》：“使吏召诸民当偿者悉来合券。”

4.《列子· 汤问》：“遂率子孙荷担者三夫。”

上述句中带 ~~~~ 的词组，在翻译成现代汉语时，都可以放在带△的词前面。在古汉语中也可以说成“贤大夫”“仁士”“铿然有声之石”“当偿之诸民”“荷担之子孙”。因此，有的人就认为这是定语后置。

这样看对不对呢？这里要指出，这种分析法会遇到困难。例如：

柳宗元《钴鉧潭西小丘记》:“其石之突怒偃蹇，负土而出，争为奇状者，殆不可数；其嵚然相累而下者，若牛马之饮于溪；其冲然角列而上者，若熊罴之登于山。”

这三句都是说“石”。第一句中的“突怒偃蹇，负土而出，争为奇状”当然可以说成是后置的定语。“石”是中心语；后两句的结构和第一句是一样的，其中的“其”就是“石之”。“嵚然相累而下”和“冲然角列而上”，在句子中的位置显然和“突怒偃蹇，负土而出，争为奇状”是一样的，而它们却不能再看作定语。再如《论语·子张》:“文武之道，未坠于地，在人，贤者识其大者，不贤者识其小者。”“其大者”就是“文武之道之大者”。如果“文武之道之大者”算是定语后置，那么“其大者”又怎样分析呢?

我想，要解决这个矛盾，只能放弃定语后置的说法，而把“马之千里者”“子孙荷担者”“其大者”“其小者”都看作是“定语+中心语”，即“马”是定语，“千里者”是中心语;“子孙”是定语，“荷担者”是中心语;“其”是定语，“大者”“小者”是中心语。只不过这种定语与中心语，是分母与分子的关系，或者说是大范围和小范围的关系，译成现代汉语就是“……里头的……”。定语和中心语的这种关系，在现代汉语中是没有的，但在古汉语中却是有的，最明显的就是表分数的词组，如“三国之一”（三分国都里的一分，也就是国都的三分之一）、“五之一”（五分之一）、“什一”（十分之一），都是“定语＋中心语”，而定语都是分母，中心语都是分子，这种结构译成现代汉语也是“……里头的……”。所以，我们说“马之千里者”是“定语＋中心语”，但这种定语是表示大范围，中心语是表示小范围。这样分析是合乎古汉语的语法的。

关于“定语后置”，我谈了一点个人的看法，是否对，大家可以讨论。古汉语的语法就大略地讲到这里，下一讲准备讲古汉语的表达与修辞。

练习题

（一）指出下列句子中词序与现代汉语不同的地方。

1.《论语·宪问》：“子曰：‘莫我知也夫！’子贡曰：‘何为其莫知子也？’”

2.《论语·宪问》：“子路宿于石门。晨门曰：‘奚自？’子路曰：‘自孔氏。’”

3.《左传·昭公十六年》：“侨闻君子非无贿之难，立而无令名之患。”

4.《左传·定公十三年》：“富而不骄者鲜，吾唯子之见；骄而不亡者，未之有也。”

5.《荀子· 赋篇》:“闾娵子奢，莫之媒也，嫫母力父，是之喜也。”

6.《史记· 平津侯主父列传》:“始吾贫时，昆弟不我衣食，宾客不我内门。今吾相齐，诸君迎我或千里。”

7. 司马迁《报任安书》:“谁为为之？孰令听之？”

8. 韩愈《送穷文》:“惟我保汝，人皆汝嫌。”

（二）下列句子中加 ～～～ 的部分是不是宾语前置？为什么？

1.《孟子· 梁惠王上》:“一羽之不举，为不用力焉，舆薪之不见，为不用明焉。”

2.《史记· 项羽本纪》:“樊哙曰：‘臣死且不避，卮酒安足辞！’”

3.《史记· 陈涉世家》:“若为庸耕，何富贵也？”

4. 韩愈《上宰相书》:“麋鹿之与处，猨狖之与居。”

第九讲　古汉语的表达与修辞

时间过得真快，从陈老师给三个学生讲古汉语常识以来，两个多月过去了。在前八讲中，陈老师讲了词汇、语法等方面的问题，今天是第九讲，该讲古汉语的表达与修辞了。

陈老师：古汉语的表达问题很重要，古人语言表达的方式和现代人是有所不同的。如果不了解古代汉语表达的特点，也会妨碍我们的阅读。但是，古代汉语的表达究竟有哪些不同于现代汉语的特点，对这个问题还研究得不够，今天只能举例性地讲一些。

关于古汉语的表达，打算谈五个问题：1. 省略；2. 插入；3. 互文；4. 合叙；5. 连及。

省略

陈老师：在古汉语中，句子成分有时可以省略。最常见的是主语的省略。

例如《史记·陈涉世家》:“陈涉少时，尝与人佣耕，辍耕之垄上，怅恨久之。曰:‘苟富贵，无相忘。’”在这一段话中，什么地方省略了主语，大家看得出来吗?

小王：在“辍耕之垄上”前面省略了“陈涉”。这是承上句而省略。

陈老师：是的，这种句子的省略很容易看出来，因为上一句的主语就是“陈涉”。但是我们要注意，古汉语中被省略的主语，所指的不一定是上一句的主语。我们看看下面的例句:

1.《战国策· 赵策四》:“触龙言愿见太后。太后盛气而揖之，(a)入而徐趋，至而自谢。”

2. 柳宗元《捕蛇者说》:“永州之野产异蛇,(a)黑质而白章，(b)触草木,(c)尽死,(d)以啮人,(e)无御之者。”

3.《论语·微子》:“子曰:‘隐者也。’使子路反见之。(a)至则(b)行矣。”

例1中省略的主语是谁呢?显然，不是上一句的主语“太后”，而是上一句的宾语“之”，即“触龙”。例2中有好几处省略了主语。在(a)、(b)、(d)处是“蛇”，在(c)处是“草木”，在(e)处是“人”。其中(a)、(c)、(e)处所指的也都不是上句的主语，而是上句的宾语。例3中的(a)处，是省略了“子路”，而“子路”在上一句中既不是主语，也不是宾语，而是句中递系结构中的兼语。（b）处的主语是“隐者”。“至则行矣”是说子路到那里，发现隐者早已走了。这种句式，我们在第六讲中讲“则”时已经讲过。

下面三个句子就更特别了：

4.《左传· 隐公元年》:“初，郑武公娶于申，（a）曰武姜。”

5.《左传· 定公四年》:“楚人为食，吴人及之;（a）奔，（b）食而从之。”

6.《诗经 · 豳风 · 七月》:“（a）七月在野，八月在宇，九月在户，十月蟋蟀入我床下。”

例 4 中的（a）处省略的主语是谁呢？是“郑武公”吗？不是的。是“申”吗？更不是的，这句是说郑武公从申国娶的妻子叫武姜，“曰武姜”的主语“妻”在上文根本没有出现。例 5 中的（a)、（b）两处，很容易误认为都是指“吴人”。晋朝的杜预解释说：“奔食，食者走。”把“奔食”连在一起读，就把句子理解错了。而且，如果是说“食者走”，为什么要说“奔食”呢？这是没有道理的。其实，这句话中“奔”和“食而从之”是两个不同主体发生的动作。如果把主语补全了，应该是“楚人为食，吴人及之。楚人奔，吴人食而从之”。这里叙述的是吴楚两国的战争，楚人正在吃饭，吴人追来了。楚人没来得及吃完赶紧就跑，吴人吃了楚人的饭，然后又去追赶他们。例6的主语是“蟋蟀”，但在上文不出现，到下文才出现。

在记述两个人的对话时，主语也常常省略。在一般情况下，省略的主语是谁，比较容易判断，根据一问一答就可以知道了，例如：

7.《孟子·滕文公上》：“孟子曰：‘许子必种粟而后食乎？’曰：‘然。’‘许子必织布然后衣乎？’曰：‘否，许子衣褐。’‘许子冠乎？’曰：‘冠。’曰：‘奚冠。’曰：‘冠素。’”

这里问的都是孟子，答的都是陈相。一问一答之前，有的有“曰”字，有的没有“曰”字，但这并不妨碍我们理解。

但如果不是一问一答，在两人的对话中省略，“曰”字，很容易引起误解。如：

8.《战国策·赵策四》：“左师公曰：‘今三世以前，至于赵之为赵，赵王之子孙侯者，其继有在者乎？’曰：‘无有。’曰：‘微独赵，诸侯有在者乎？’曰：‘老妇不闻也。’‘此其近者祸及身，远者及其子孙。……’”

这里问的是触龙，答的是赵太后，一问一答前面都有“曰”。但在“此其近者祸及身”前面，省略了“曰”字，而下面又不是问话。如果看没有标点的古书，就很容易误以为下面还是赵太后说的话。

古书中还有一种相反的情况：有时候是同一个人的自问自答，中间用“曰”隔开。甚至是一个人说完一事又说一事，中间也用“曰”隔开。例如：

9.《论语·阳货》：“（阳货）谓孔子曰：‘来，予与尔言。’曰：‘怀其宝而迷其邦，可谓仁乎？’曰：‘不可。’‘好从事而亟失时，可谓知（智）乎？’曰：‘不可。’”

10.《论语·微子》：“齐景公待孔子曰：‘若季氏则吾不能，以季孟之间待之。’曰：‘吾老矣，不能用也。’”

例 9 中的两个“不可”都是阳货自己的回答。阳货想让孔子出来做官。他问孔子说：“怀抱着才能，但使他自己国家陷于混乱，这能叫‘仁’吗？”接着自己回答说：“不可以。”又问：“一个人喜欢从政而屡次丧失时机，能叫‘智’吗？”又自己回答说：“不可以。”整段都是阳货讲的话。例 10 是齐景公说的话。他先说，只能拿季氏和孟氏（鲁国两家有权力的大夫）之间的待遇来待孔子。过了一会，又说自己老了，不能用孔子了。

这种情况告诉我们，读古文时对于省略主语的情况，必须十分注意，否则就会把意思搞错。

小李：古汉语中除主语省略外，还有没有省略别的成分的？

陈老师：古汉语中，介词和介词宾语的省略也比较常见。

介词“于”是经常被省略的，介词“以”有时也能省略。例如：

1.《诗经· 魏风· 伐檀》:“坎坎伐檀兮,寘之(于)河之干兮。”

2.《史记 · 黥布传》:“征兵（于）九江。”

3.《资治通鉴· 汉纪》:“荆州之民附操者,偪（于）兵势耳。”

4.《庄子 · 逍遥游》:“请买其方（以）百金。”

在介词“为”“与”“以”后面，宾语可以省略。

5.《庄子 · 养生主》:“吾知其难为，怵然为（之）戒，视为（之）止，行为（之）迟。”(意思是说：我知道这事很难做，很小心地为此而警惕，目光为此而停滞，行动为此而迟缓。)

6.《史记 · 项羽本纪》:“唉，竖子不足与（之）谋！”

7.《论语 · 微子》:“明日，子路行，以（之）告。”

此外，递系结构中的兼语也经常省略，例如：

1.《晏子春秋·内篇·杂下》："其贤者使（之）使贤主，不肖者使（之）使不肖主。"

2. 柳宗元《种树郭橐驼传》："吏来而呼曰：'官命（我）促尔耕，勖尔植，督尔获。'"（勖：劝勉，勉励。）

其他句子成分也有省略的，但不是很常见的了。例如：

1.《左传·隐公元年》："先王之制，大都不过三国之一，中（都）（不过）五（国）之一，小（都）（不过）九（国）之一。"

这里最后两句中，动词（不过）和中心语（都、国）都被省略了。这种句子，读起来确实是不大好懂的。

插入

陈老师：在古汉语中，有时在叙述中插入一些说明或补充的话，这在现代汉语中是用括号来表示的。古书因为没有标点，所以哪些是插入的话，需要自己去辨别，不细心也会弄错。例如：

1.《史记·项羽本纪》："项王、项伯东向坐，亚父南向坐。（亚父者，范增也。）沛公北向坐，张良西向侍。"

2.《史记·匈奴传》："于是汉悉兵，（多步兵，三十二万，）北逐之。"

3.《汉书·陈胜项籍传》："于是梁乃求楚怀王孙心，（在民间，为人牧羊，）立以为楚怀王。"

这些句子，如果不用括号，就会觉得语气不顺；一用括号，就清楚明了了。

又如下面这些句子，大家试着读一读，看能不能理解对。

4.《左传·宣公四年》："（鬬伯比）淫于郧子之女，生子文焉。郧夫人使弃诸梦中，虎乳之。郧子田，见之，惧而归。夫人以告，遂使收之。楚人谓乳穀，谓虎於菟，故命之曰鬬穀於菟。以其女妻伯比。实为令尹子文。"

5.元稹《杜工部墓志铭》："（杜甫）夫人弘农杨氏女，父曰司农少卿怡，四十九年而终。"

例4是说：鬬伯比和郧国的女子私通而生了一个孩子。郧夫人把孩子扔在云梦泽中，老虎来给孩子喂奶。楚国人把喂奶叫“縠”，把老虎叫“於菟”，因此就把这孩子叫“鬬縠於菟”。这是一个带神话色彩的故事。关键是在最后两句：“实为令尹子文”主语是谁呢？是那个父亲（鬬伯比），还是那个孩子（鬬縠於菟）？例 5 也是同样的，“四十九年而终”的是谁？是司农少卿杨怡还是杜甫的夫人杨氏？

小张：您要不说，我准以为是：鬬伯比实为令尹子文，司农少卿怡四十九年而终。因为挨得近的名词总是主语呀。您这一提问，我就有点怀疑了。是不是说那个小孩实为令尹子文，杜甫的夫人四十九年而终？

陈老师：（笑了）小张说得很对。这种地方，我们就不能只看哪个名词挨得近，就认为哪个名词是主语。而应该理解：《左传》这一段主要是在说令尹子文出生时那种神奇遭遇，“以其女妻伯比”是一句插入的话。《杜工部墓志铭》这几句话主要在说杜甫的夫人杨氏，“父曰司农少卿怡”也是一句插入的话。这些插入的话，不能用括号来表示，但我们要懂得古人有这样一种行文的习惯：在叙述一件事时，可以插入一些补充的话。读的时候，就不要让插入的话把前后的文意隔断，而要把前后的文意连起来读。

互文

陈老师：现在谈到互文。

什么叫“互文”呢？我先给大家念一首唐诗：

王昌龄《从军行》：“秦时明月汉时关，万里长征人未还。但使龙城飞将在，不教胡马度阴山。”

这首诗的第一句是写边塞的夜景。“秦时明月汉时关”，是不是说边塞的明月是秦时的，关是汉时的？那样理解就错了。这句诗应该理解为“秦汉时之明月，秦汉时之关”，就是说，这里自古就是边防重地，这里所见的夜景也是古来如此的。从字面上说，“秦”只管“明月”，“汉”只管“关”，但是，实际上是“秦”也管“关”，“汉”也管“明月”。这种表达方法，就叫“互文见义”，或者叫“互文”。

在古代汉语中“互文”是很多的。《左传·隐公元年》记述郑庄公开始和他的母亲闹翻，发誓说“不及黄泉，无相见也”。意思是说不到死的那天不见面了。不久又后悔了。后来一个臣子给他出主意，说你可以挖一条隧道在地下相见，这就不违背誓言了。郑庄公听从了这个主意，和母亲姜氏“隧而相见”。《左传》接着说：“公入而赋：‘大隧之中，其乐也融融。’姜出而赋：‘大隧之外，其乐也泄泄。’遂为母子如初。”服虔注说：“入言公，出言姜，明俱出入，互相见。”也就是说，“公入而赋”

和“姜出而赋”是互文，说全了就是庄公和武姜在出入隧道时都作赋。

又如，《文心雕龙·情采》在讲到“情”和“辞”的关系时说：“情者文之经，辞者理之纬。”这也是互文，应该理解为：“情”“理”是经（主要的东西），“文”“辞”是纬（依附于经的东西）。

范仲淹《岳阳楼记》有两句话：“不以物喜，不以己悲。”这是什么意思呢？有人解释说，“以物喜”指的是“春明景和，波澜不惊”到“把酒临风，其喜洋洋者矣”一段，“以己悲”指的是“淫雨霏霏，连日不开”到“满目萧然，感极而悲者矣”一段。其实，后面一段哪里仅仅是“以己悲”呢？后一段一开头就写面对着洞庭湖的阴风浊浪，于是产生了“忧谗畏讥，去国离乡”的苦闷心情，这不正是“以物悲”吗？其实这两句也是互文，说的是既不以“物”（外界的景物）和“我”（自己的遭遇）而喜，也不以“物”和“我”而悲。

合叙

陈老师：在古文中，有这样一种表达法：前面说两件事情，与后面两件事情分别相应。

1.《汉书· 魏豹田儋韩王信传》:“齐楚遣项它田巴将兵随市救魏。”

2.《汉书· 淮南衡山济北王传》:“王有孽子不害,最长,王不爱,后太子皆不以为兄子数。”(孽子 :妾生的儿子。)

3. 晁错《言兵事疏》:“劲弩长戟,射疏及远,则匈奴之弓弗能格也。”

4. 王禹偁《唐河店妪传》:“所赐介胄鞍马,皆脆弱羸瘠不足御胡,其坚利壮健者,悉为上军所取。”

5. 诸葛亮《出师表》:“侍中侍郎郭攸之、费祎、董允等,此皆良实,志虑忠纯。”

例 1 很容易理解成齐楚一起派了项它、田巴两人跟随周市去救魏,其实不是的。是说齐派项它,楚派田巴。在现代汉语中,应该说“齐楚分别派遣项它和田巴跟随周市去救魏”。例 2 是说后不以为子,太子不以为兄。例 3 是说劲弩可以射疏,长戟可以及远。例 4 中“脆弱”和“坚利”是说“介胄”,“羸瘠”和“健壮”是说“鞍马”(备鞍的马,即战马)。例 5“侍中”“侍郎”是两个官名,郭攸之、费祎是侍中,董允是侍郎。这些例子中都是前两项和后两项各自合叙,而分别相应。读的时候,不要误解了。

连及

陈老师：所谓“连及”是在说到某一事物时，连带说到另一有关的事物，但实际上另一事物在文中不起作用。

1.《论语· 宪问》：“禹稷躬稼而有天下。”

2.《孟子· 离娄下》：“禹稷当平世，三过其门而不入。”

3.《礼记· 玉藻》：“大夫不得造车马。”

4.《论语· 乡党》：“沽酒市脯不食。”

例 1 中“躬耕而有天下”的是“稷”，因说“稷”而连及“禹”，但“禹”在文中不起作用。例 2 正相反，“三过其门而不入”的是“禹”，“稷”是连及。例 3 中造的是“车”，“马”是不能造的，是因“车”而连及的。例 4 中能“食”的是“市脯”（买来的干肉），而“沽酒”（买来的酒）是不能“食”的。“沽酒”因“市脯”而连及。不过这个例子和上面三例不完全相同，在这里“沽酒”不是没有意义的。补全了应该说是“沽酒不饮，市脯不食”；或是说“沽酒市脯，不饮不食”，这就是“合叙”了。

（说到这里，陈老师喝了一口水，接着说）下面谈修辞。古汉语的修辞和现代汉语一样，内容很多。其中如比喻、夸张等，和现代汉语基本相同。这些就不讲了。我们只讲一些古汉语中比较特殊的，而且牵涉到对文意的理解的几种修辞手段：借代、割裂和委婉。

借代

陈老师：先说借代。借代指的是在说某一事物时，不直接说出，而用与之有关的别的事物来代替它。例如，刘禹锡的两句诗“沉舟侧畔千帆过，病树前头万木春”（《酬乐天扬州初逢席上见赠》），第二句中的“树”和“木”是同义词，第一句中的“舟”和“帆”呢？从字面上看，舟是舟，帆是帆，帆是舟的一部分，两者是不同的。但在这个句子里，“千帆”却等于说“千舟”，这是拿“帆”来代替“舟”了。这种修辞手法就叫借代。

细说起来，借代可以分为几类。

（一）以部分代全体。

1.《诗经·王风·采葛》：“一日不见，如三秋兮。”

2.《庄子·徐无鬼》：“孙叔敖甘寝秉羽而郢人投兵。”

3.《文心雕龙·情采》：“远弃风雅，近师辞赋。”

4.范仲淹《岳阳楼记》：“沙鸥翔集，锦鳞游泳。”

例1中以“秋”代“年”。例2中“郢人”即“楚人”，以楚的国都郢代楚国。例3中“风雅”本指“国风”和“小雅”，是《诗经》中的一部分，这里用来指《诗经》。例4中“锦鳞”指鱼，这都是部分代全体。以“帆”代“舟”也是这一种。

（二）以性状、特征代事物。

1.《左传·僖公二十二年》：“君子不重伤，不禽二毛。”

2.《史记·陈涉世家》：“将军身被坚执锐，伐无道，诛暴秦。”

3. 左思《吴都赋》：“笼乌兔于日月，穷飞走之栖宿。”

4. 欧阳修《醉翁亭记》：“伛偻提携，往来而不绝者，滁人游也。”

例1以“二毛”（头发花白）代替上了年纪的人。例2以“坚”代替铠甲，“锐”代替兵器。例3以“飞”代替飞禽，以“走”代替走兽。例4以“伛偻”代替老人，以“提携”代替小孩。

（三）以质料代事物。

1.《左传·僖公二十三年》：“我二十五年矣，又如是而嫁，则就木焉。”

2.《孟子·滕文公上》:“许子以釜甑爨，以铁耕乎？”

3.《吕氏春秋·慎行论》:“功绩铭乎金石，著乎盘盂。”

4.《汉书·公孙弘传》:“妾不衣丝。”

例1是以“木”代棺材，现在还有“行将就木”这个成语。例2是以“铁”代农具。例3是以“金”代钟鼎，以“石”代碑。例4是以“丝”代帛。这种借代是很常见的。比如说“鸣金收兵”，这个“金”就代钲镯之类的军乐器。在《孟子·滕文公上》中还说到许行“衣褐”“冠素”，这也是以“褐”和“素”代替“褐制之衣”和“素制之冠”。

（四）以具体代抽象。

1.《礼记·祭义》:“有虞氏贵德而尚齿。”

2.《庄子·胠箧》:“虽有轩冕之赏弗能劝，斧钺之威弗能禁。”

3.扬雄《长杨赋》:“永亡边城之灾，金革之患。”

4.刘禹锡《陋室铭》:“无丝竹之乱耳，无案牍之劳形。”

例1用“齿”来代替年龄。例2的“轩”原是大夫坐的车，“冕”是大夫以上的官戴的冠，这里以“轩冕”作官爵的代称。例3的“金革”原是兵器和盔甲，这里用来作“战争”的代称。例4的“丝竹”是音乐的代称，“案牍”是狱讼的代称。

常见的借代主要是这几种。有的书上还列举了以地名代人和以官爵代人这两类。例如以“彭泽”代陶渊明，以“武侯”代诸葛亮。这都是为了表示对人的尊敬，和上面讲的几种借代不完全一样，这里就不讲了。

应当说明一点：上面把借代分为几类，只是大致的区分。有一些借代，根据不同的角度，可以归在这一类，也可以归在那一类。例如《汉书·夏侯胜传》：“其取青紫，如俛拾地芥耳。”这里的“青紫”是以性状代事物，指青绶与紫绶。汉制，公侯紫绶，九卿青绶，“青绶”“紫绶”又是高官的代称，这又是具体代抽象。所以我们不要把这些分类看死了。

小张：陈老师，借代和比喻有什么不同呢？

陈老师：比喻是说两件事物之间有相似之处，例如以“豺虎”比喻凶恶的人，这是因为两者在凶狠这一点上都有相似之处。以“草芥”比喻低贱之物，也是如此。借代和比喻不同，借代的两个事物之间有相关之处，而没有相似之处。例如“帆”和“舟”并不相似，“木”和“棺材”，“二毛”和“上年纪的人”，“齿”和“年龄”也都不是相似，所以比喻和借代是有区别的。

小李：那么，借代和词义的引申有什么不同呢？比如“鉴”本义是镜子，后来引申为借鉴，这不也是以具体代抽象吗？

陈老师：作为一种修辞手段的借代，是在写文章时为了加强表达的效果，临时把一个词借来指相关的事物。也就是说，借代还没有形成固定的词义。这从上面举的例子也可以看出来：（一）同一个词，在不同的场合称代的东西可以是不同的。例如“披坚执锐”中的“坚”代铠甲，而在晁错《论贵粟疏》“（商贾）乘坚策肥，履缟曳缟”中，“坚”就指坚固的车了。《论贵粟疏》中的“肥”代肥马，而《孟子·梁惠王上》“为肥甘不足于口与”中，“肥”又指肥美的食物了。（二）某个词用作借代的场合是有限制的，如以“秋”代“年”，一般只限于“三秋”，“十年生聚，十年教训”中的“年”，就不能以“秋”代替。甚至《论语·先进》“比及三年，可使有勇，且知方也”这样的句子中，“三年”也不能以“三秋”来代替。所以，借代和词的引申义是有区别的。不过这种区别又不是绝对的，临时使用的借代，用得多了，也能逐步成为一个固定的引申义。例如“丝竹”指音乐，“齿”指年龄，就由借代而形成了一种新的引申义，一般字典也列了这些意义。

割裂

陈老师：割裂式的借代，也是借代的一种。只是这种借代的性质比较特殊，所以提出来单说。

我们现在还能听到这样一些说法：“我已经到了而立之年。”

什么叫“而立之年”呢？就是指三十岁。因为《论语·为政》上说：“吾十有五而志于学，三十而立，四十而不惑，五十而知天命，六十而耳顺，七十而从心所欲不逾矩。”后来就用“而立”来代替“三十岁”了。“而立”和“三十岁”在意义上毫不相关，只因为在《论语》中“三十而立”曾经连用，后来就把它割裂开来，以一部分代替另一部分，这就叫“割裂式的借代”。

这种“割裂式的借代”是不值得提倡的。北齐的颜之推就曾批评过这种用法，他说：

> 诗云：“孔怀兄弟。”孔，甚也；怀，思也。言甚可思也。陆机《与长沙顾母书》述从祖弟士璜死，乃言“痛心拔脑，有如孔怀”。心既痛矣，即为甚思，何故方言“有如”也？观其此意，当谓亲兄弟为孔怀。诗云：“父母孔迩。”而呼二亲为“孔迩”，于义通乎？

陆机根据《诗经·小雅·常棣》“兄弟孔怀”一句话，把它割裂开来，以“孔怀”代“兄弟”。颜之推批评他说，这是不通的。如果用这样的割裂式的借代，《诗经》上还有一句“父母孔迩”，是不是可以把父母称“孔迩”呢？颜之推的这个批评是对的。不过，古人写文章作诗时用割裂的借代，还不是少数，所以当我们读古书时，还必须了解这种现象。例如：

1. 曹植《求通亲亲表》："今之否隔，友于同忧。"（否隔：隔绝。）

2.《南史·到溉传》："溉每和御诗，上辄手诏戏溉曰：'得无贻厥之力乎？'"

3. 杜甫《别张十三建封》："乃吾故人子，童丱联居诸。"

4. 李华《含元殿赋》："倒劲梢于穷谷，斩巨柢于昭回。"

例1中"友于"指"兄弟"。《论语·为政》："书云：'孝乎惟孝，友于兄弟。'""友于"本是"和……友爱"的意思，是一个动词加一个介词。但在曹植文中就以"友于"代兄弟了。例2"贻厥"是"孙"的意思，出自《诗经·大雅·文王有声》："诒厥孙谋，以燕翼子。""诒厥孙谋"原意是说把谋虑留给孙子，后来以"诒厥"或"贻厥"（"贻"与"诒"通）称"孙"。《南史·到溉传》说到溉的孙子叫到荩，"早聪慧""受诏便就"。皇帝对他很赏识，所以开玩笑说，到溉的诗是他的孙子作的。例3"童丱联居诸"，是说从小就在一起度过岁月。《诗经·邶风·日月》："日居月诸，照临下土。""居""诸"本来都是语气词，"日居月诸"等于说"日啊月啊"。这里以"居诸"代"日月"。例4是以"昭回"代"云汉（银河）"，出于《诗经·大雅·云汉》:“倬彼云汉，昭回于天。”“斩巨柢于昭回”是说建造含元殿的木材都是从云汉砍伐来的。

从上面的例子可以看出，这种割裂文句，以此代彼的用法，是没有什么道理的，而且这样的用法会给读者带来很大的不便。但是古代文人既然喜欢这样用，我们对此就要有所了解，这样才能读懂这些诗文。

委婉

陈老师：委婉也是一种常见的修辞手段。在语言表达中，为了某种需要，对某件事情不直截了当地说出来，而是换一种说法，说得比较委婉，这是古今都有的。古汉语中委婉的修辞手法最常见于外交场合。例如，《左传·僖公二十四年》记载：晋公子重耳出亡到了楚国，楚国的国君招待他，并且问他：“公子若反晋国，则何以报不谷？”重耳回答说：“若以君之灵得反晋国，晋楚治兵，遇于中原，其辟君三舍。若不获命，则左执鞭弭，右属櫜鞬，以与君周旋。”这几句话译成现代汉语就是：“如果托您的福能回到晋国，一旦晋楚有军事行动在中原相遇，我将退避三十里。如果退了还不能获得您的原谅，那我就左手拿着鞭子，右手拿着箭筒，来和您周旋一番。”意思是很坚决的，退让之后如果楚国还要进攻，就要大打一场。但话却说得很委婉。

这种委婉还比较容易理解。值得注意的是因为委婉而使用的一些特殊词语，如果不了解其含义，文章就读不懂。比如，“死”“病”等都是人所忌讳的，在说话和写文章时，为了委婉一些，就用别的一些说法来代替它。例如：

1.《战国策· 赵策》:“一旦山陵崩，长安君何以自托于赵？”

2.《史记· 韩长孺列传》:“有如太后宫车晏驾，大王尚谁攀乎？”

3.《史记· 魏其武安侯列传》:“千秋之后传梁王。”

4.《战国策· 赵策》:“今奉阳君捐馆舍，大王乃今然后得与士民相亲。”

5.《战国策· 赵策》:“愿及未填沟壑而托之。”

6. 司马迁《报任安书》:“恐卒然不可为讳，……则长逝者魂魄私恨无穷。”

上述句中带△的词语都是“死”的委婉语，不过因为封建社会中的等级不同而有区别。帝王或皇后死称为“山陵崩”“宫车晏驾”或“千秋之后”；贵族死叫“捐馆舍”(“捐”是抛弃的意思)；一般百姓死或谦称自己死为“填沟壑”。“不可为讳”，意思是说死亡这件事，不可避免，无可忌讳，也是指“死亡”。

“长逝”指“死”，就很常见了。

对于“病”也有种种委婉的说法。《公羊传·桓公十六年》何休注：“天子有疾称‘不豫’，诸侯称‘负兹’，大夫称‘犬马’，士称‘采薪’。”《白虎通》解释说：“天子病曰‘不豫’，言不复豫（参与）政也。诸侯曰‘负子’（按：‘负兹’即‘负子’），子，民也，言忧民不复子之也。”“犬马”指“犬马之疾”，是自谦的说法。“采薪”指“采薪之忧”，也可以说成“负薪之忧”，是说有病不能负薪（采薪）。

这类例子还有一些，比如贵族官僚的淫乱叫“帷薄不修”，贪赃叫“簠簋不饰”。（“帷薄”是帘子，用以别男女的，“簠簋”是食器，“不修”和“不饰”都等于说“不检点”）。这样说是为了替他们掩饰。“待罪辇毂之下”和“陪外廷之末议”都是指在朝廷做官，这样说是表示自谦。

（时间已到中午了）关于古汉语的表达和修辞，就讲到这里吧。

练习题

（一）补足下列句子中省略的成分。

1.《孟子·滕文公下》：“苟行王政，四海之内，皆举首而望之，欲以为君。”

2.《史记·孙子吴起列传》：“齐使以为奇，窃载与之齐。”

3.《史记· 廉颇蔺相如列传》:“请奉盆缶秦王，以相娱乐。”

4.《史记 · 淮阴侯列传》:“始为布衣时，贫无行，不得推择为吏，又不能治生商贾。”

5.《左传· 庄公八年》:“齐侯游于姑棼，……坠于车，伤足，丧屦。反，诛屦于徒人费。弗得，鞭之出血。走，出，遇贼于门。劫而束之。曰:‘我奚御哉? ’袒而示之背。信之。费请先入。伏公而出，斗，死于门中。”

6.《史记 · 留侯世家》:“且夫楚唯无强，六国立者复桡而从之，陛下焉得而臣之? ”

（二）指出下列句子中表达上的特点。

1.《史记 · 南越列传》:“乃为佗亲冢在真定置守邑，岁时奉祀。”

2. 诸葛亮《出师表》:“若有作奸犯科及为忠善者,宜付有司,论其刑赏。”

3. 江淹《别赋》:“琴羽张兮箫鼓陈，燕赵歌兮伤美人。珠与玉兮艳暮秋，罗与绮兮娇上春。”

4. 杜甫《自京赴奉先县咏怀五百字》:“葵藿倾太阳，物性固莫夺。”

（三）解释下列句子中带△的词的所指，并说明这是哪一种修辞手法。

1.《史记 · 张释之冯唐列传》:“今盗宗庙器而族之，有如万分之一，假令愚民取长陵一抔土，陛下何以加其法乎？”

2.《后汉书·邓皇后纪》：“必书功于竹帛。”

3. 应璩《答韩文宪书》：“足下之年，甫在不惑。”

4. 杜甫《咏怀古迹》：“三分割据纡筹策，万古云霄一羽毛。”

第十讲　阅读古代作品常用的工具书

一个星期天的早饭后，小张、小王和小李早早地来到了陈老师家。这是最后一次古代汉语讲座了。他们抱着强烈的求知渴望等待着听这最后一讲。

陈老师：同学们，前九讲我们简要地介绍了古汉语的基本知识，今天我们讲讲阅读古代作品常用的工具书。

关于使用工具书的重要性，我们在第一讲中已经讲过了。工具书是我们的好老师，可以说是一辈子都离不开的。但是，初学古汉语的人和从事研究工作的人所使用的工具书，却是不完全相同的。今天我们着重介绍初学古汉语的人经常使用的一些基本工具书，主要是字典、词典等，也介绍一些其他的文史工具书。

《古汉语常用字字典》

陈老师：中学生学古汉语，最常用的是《古汉语常用字字典》。这本字典你们都有吧？

小王：有！我们班上是人手一册，有的同学几乎把这本字典翻破了。

陈老师：是的，这本字典对中学生学习古汉语最合适。这本字典的第 1 版在 1978 年出版，后来经过几次修订。

小李：是的，这本字典适合我们的程度，一般古书上常用的字都能查到，而且注音、释义都很清楚，有的例句中的难字还有注音和释义。我们都喜欢用。

陈老师：这是这本字典的优点。但这本字典还有一个优点，不知道你们注意了没有？

小王：这本字典虽然以单字为字头，但不少常用的双音词也有注音和解释，这也很有用。

小张：这本字典里有些词条下有【注意】和【辨】，对我们学习古汉语很有帮助。

陈老师：你们说得很对。【注意】提示大家一些词汇、文字方面应当注意的问题，【辨】是词义辨析，这对我们都很有用。如：

“错”字条下说：“【注意】上古‘错’不当‘错误’讲，后来文言中也多用‘误’，不用‘错’。”

这就告诉我们，《礼记·中庸》："辟（譬）如四时之错行，如日月之代明。"其中"错"的意义不是"错误"，而是"交错"。

"仆[2]（僕）"条下说："【注意】在古代，'仆'和'僕'是两个字，意义各不相同。上述义项都不写作'仆'。"

"上述义项"指的是"驾车的人""奴隶"等，在表示这些意义时，古代都写作"僕"，不写作"仆"。

"睡"字条下说："【辨】寝，卧，眠，寐，睡。'寝'指在床上睡觉，或躺在床上，不一定睡着。《公羊传·僖公二年》：'寡人夜者寝而不寐。''卧'是靠在几上睡觉，引申为躺在床上，也不一定睡着。'眠'的本义是闭上眼睛（与'瞑'同字），引申为睡眠。'寐'是睡着。'睡'是坐着打瞌睡。中古以后，'睡'是睡着，与'寐'同义；又表示睡觉，与'寝'同义。"

这里的"中古"，指的是魏晋南北朝以后。

还有，在有些义项后面标了"（后起意义）"，指的是魏晋南北朝以后产生的意义。如：

“写（寫）”字条下第五义项说：“⑤ 书写，写字（后起意义）。吴文英《莺啼序（残寒正欺病酒）》：‘殷勤待～，书中长恨。’”

这告诉我们，在阅读秦汉以前的文献时，看到“写”字，不应该理解为“书写”义。如：

《国语·越语》：“王命工以良金写范蠡之状而朝礼之。”

这个“写”就绝不是“书写”的意思，而是“写”字条第4义项“模仿”的意思。

小张：标明“（后起意义）”对我们很有用，可以帮助我们知道词义的时代先后。可是，别的字典没有这样标的，我们怎么知道时代先后呢？

陈老师：小张说得对，词义是发展的，有的出现得早，有的出现得晚，如果把时代弄混了，就会造成理解的错误，如把刚才《国语》里的“写”误认为是“书写”的意思。在其他字典里，词的义项没有标时代，我们大致可以根据例句来推测。有较早例句的，这个义项出现得早。例句很晚的，这个例句就出现得晚。

小王：刚才您举的《古汉语常用字字典》在“睡”字条的【辨】里说，“睡”是坐着打瞌睡，到中古以后才表示睡觉。可是，有的词典里把“睡觉”作为“睡”的第一义项，而且举的例子是《庄子·列御寇》：“夫千金之珠，必在九重之渊而骊龙颔下。子能得珠者，必遭其睡也。”这是不是表明“睡觉”的意思先秦就有了呢？

陈老师：那是那本词典错了。《庄子》里的“睡”是“打瞌睡”的意思，是说只有在骊龙打瞌睡的时候才能摘它颔下的珠子。“睡”的“睡觉”义确实是先秦没有的。不过，刚才我说根据例句来推测，只是说个大概。有的义项，词典里举的例句很晚，但实际上早已出现，应该换成较早的例句，这种情况也是有的。词义早晚的问题比较复杂，很多还需要深入研究，才能说得准确。

《古汉语常用字字典》收6400多常用字，而且义项都是比较常用的。如果看古书碰到一些不常见的字或义项，就要查别的字典了。我给大家介绍两本字典。

《王力古汉语字典》

陈老师：《王力古汉语字典》是著名语言学家王力编写的，后面几集由他的学生写成。这本字典有很高的学术价值。你们用过吗？

小张：我用过，注音和释义都很清楚，我也能看懂。不过，在汉语拼音后面，还有一些字，我看不懂。

（小张从陈老师的书架上拿起一本《王力古汉语字典》，翻到“饭”字条）

您看：“饭 1.fàn 扶晚切，上，阮韵，奉。元部。”这是什么意思？

陈老师：后面的“扶晚切”是古代的反切，是古代的一种注音方法，“上”是这个字的声调，“阮韵”表示这个字属什么韵，“奉”是这个字的声母，“元部”表示这个字在上古属什么韵部。“韵”和“韵部”都是音韵学的术语，和韵母有关，但不完全一样，这个问题今天不能仔细讲。反切是用两个汉字相拼，得出一个字的读音。第一个字叫“反切上字”，取它的声母，第二个字叫“反切下字”，取它的韵母（包括声调），声母韵母一拼，就得出一个字音。比如，“扶”的声母是 f，“晚”的韵母是 ǎn，f+ǎn=fǎn，这就是“饭”的读音。

小王：（插进来问）既然有了汉语拼音，为什么还要反切呢？

陈老师：反切是确定现代读音的根据。字典上的字，有的现代还在用，当然很容易确定它的读音。有的现代不用了，只在古书上有这个字，那么根据什么知道它的读音呢？只能根据古代的反切。就是现代还用的字，除了根据普通话中的读法来注音外，也还要有反切作根据，说明现代的读音是有来源的。

小张：那读音从古到今一直不变吗？

陈老师：这个问题提得很好。语音是有历史变化的，所以，有的反切切不出今天的音。比如：“见，古电切。”现在“古”的声母是 g，“见”的声母是 j，两者不一样，当然切不出来。但语音演变是有规律的，简单地说，现在 j 这个声母，有些是从古代的 g 变来的。“见”这个字，古代的声母就是 g，到后来变成了 j。语音演变的问题比较复杂，你们不太容易掌握。你们现在只需要明白一点：反切是现代读音的根据，这就可以了。

小王：陈老师，照您刚才说的，“扶晚切”切出来的读音是 fǎn，那是上声，但为什么字典前面注的音是去声 fàn 呢？

陈老师：我刚才的话还没有说完。确实，按照“扶晚切”切出来的读音是 fǎn，是上声。所以，字典在“扶晚切”后面有一个“上”字，这说明这个“饭”字古代是上声。那么，为什么最前面的汉语拼音是 fàn 呢？这是现代的读音。刚才说过，古今语音是有变化的，按照“浊上变去”的规律，“饭”的读音到后来变成了去声。

小王：什么叫“浊上变去”？

陈老师：（笑着说）对了，你们还没有学过音韵学。简单地说，古代的声母有“清”“浊”两类，现在普通话里浊声母都变成了清声母，但有的方言里还保留着。古代浊声母的上声字，后来大部分都变成了去声，这叫“浊上变去”。“饭”就是浊声母字，古代读上声，到后来变去声了。

小张：看来，我们以后还要学一点音韵学的知识。

小李：（指着字典说）陈老师，这本字典的“饭”字有两个读音：

饭 1.fàn 扶晚切，上，阮韵，奉。元部。

饭 2.fàn 符万切，去，愿韵，奉。元部。

第二个读音的汉语拼音和第一个一样，为什么要分成两条呢？是不是字典排错了？而且，既然汉语拼音一样，为什么后面的反切不一样，声调也不一样呢？

陈老师：你观察得很细致，这样很好。确实，两处的反切是不一样的。这说明“饭”字在古代有两个音；相应的，有两个意义。你们看，第一个音，上声读音后面的义项是：①吃饭。②以食饲人或喂牲口。这说明古代动词的“饭”读上声。第二个音，去声读音后面的义项是：⑤煮熟的谷类食物。这说明古代名词的“饭”读去声。但是到后来，这两个音都变成一样了。所以，前面的汉语拼音相同。字典中分成两条，是为了表示古代两个音义的区别。

下面我们讲到的一些字典、词典也用反切，基本情况也是这样。

小王：陈老师，说到字的读音，我有一个问题。杜牧《山行》：“远上寒山石径斜，白云生处有人家。停车坐爱枫林晚，霜叶红于二月花。”有人说，“斜”字应改读 xiá，这样才押韵。

小李：是啊，我们老师就是这样说的。可是我查过字典，哪一本字典里“斜”都没有 xiá 音。

陈老师：是的，有不少人这样说。但这是不对的。这是不懂古今语音的变化。在唐代，“斜”“家”“花”确实是押韵的，三个字同属麻韵。但后来语音发生了变化，在普通话里，“家”“花”的韵母是 ia，而“斜”的韵母变成了 ie。我们只能按普通话来读，不能为了押韵而把“石径斜”的“斜”读成 xiá。

小王：（疑惑不解地说）可是照普通话念就不押韵了呀！为什么不能为押韵而改读 xiá 呢？

陈老师：其实这个问题很简单，一个字的读音是不能因为押韵而改变的。举一个明显的例子，《敕勒川》：“敕勒川，阴山下。天似穹庐，笼盖四野。天苍苍，野茫茫，风吹草低见牛羊。”这首诗大家都读过。也有人说，“笼盖四野”的“野”应该读 yǎ，这样才押韵。可是诗中有两个“野”字，后面“野茫茫”的“野”又该怎样读呢？两个同样的“野”字，前面的为押韵而读 yǎ，后面又照通常的读法读 yě，这显然是不对的。和“斜”一样，在当时，“下”和“野”是押韵的，但现在变为不押韵了。我们只能照普通话读，两个“野”字都读 yě。所以，字典里不给“斜”注 xiá 音是对的。

小王：这个问题我一直不明白。经您这么一讲，我现在明白了。

陈老师：字典的注音就说到这里。下面介绍其他字典。

《汉语大字典》

陈老师:《汉语大字典》是一部大型字典，收 56000 多个字，一些很少见的字也都收在里面。有的字头下面列出甲骨文、金文、《说文》和古代简帛、碑帖中的字形，有助于我们了解汉字字形的演变。如果碰到上述两部字典里都没有的字，可以到《汉语大字典》查找。

字典只收单音词条，《古汉语常用词词典》和《王力古汉语字典》中也有一些双音词，但不太多，要查复音词，还得查词典。词典的体例都是先列单字头，单字头也有注音和释义，可以和上述字典参看。但中学生用词典，主要是查检复音词条。下面介绍几部常用的词典。

《古代汉语词典》

陈老师：商务印书馆《古代汉语词典》是一部中型词典，共收复音词 24000 多条。对于中学生来说，这大体够用了。

《古代汉语词典》的体例，复音词是先列双音词，再列三音节、四音节的。双音词按首字的音排在一起，如在“朝（zhāo）”字条下，先列【朝歌】、【朝露】（“朝”音 zhāo）等，然后列【朝觐】、【朝廷】（“朝”音 cháo）等。要注意的是，有的双音词，都由同样两个汉字组成，但读音和意义都不一样，这样的双音词，就按首字的音不同而分列两处。如：

【艾服】ài fú1. 五十岁的代称。2. 服役，从政。

和【艾艾】ài ài、【艾豭】ài jiā 等条目放在一起。

【艾服】yì fú 古代一种象征性的刑罚，即割去犯人衣服上的蔽膝部分，以示宫刑。

另列一条，和【艾毕】yì bì 等条目放在一起。我们在查检时要细心一点，不要只看了【艾服】ài fú 条，而把【艾服】yì fú 条漏了。

《汉语大词典》

陈老师:《汉语大词典》是一部大型词典，收词37万条。古代的大部分复音词都已收入。

和《古代汉语词典》不同,《汉语大词典》的复音词条是按笔画排列的，所以，如果两个双音词都由同样两个汉字组成，但读音和意义不同，这两个词条就排列在一起。如：

【传信】1. 谓把确信的事实传告于人。2. 传递消息。

【传²信】乘驿站车马的凭证。

因为“传”的单字条有两个读音：1.chuán和2.zhuàn，所以复音词条中读chuán的不标符号，而读zhuàn的标作“传²”，所以上一条“传信”读chuán，而下一条“传²信”读zhuàn，意义也各不相同。

小李:“传信（chuán xìn）”表示“把确信的事实传告于人”和“传递消息”，这我能懂。但为什么“乘驿站车马的凭证”叫“传信（zhuàn xìn）”呢？

陈老师：那是因为古代驿站的车马叫“传（zhuàn）”，上面“传²”的义项6就是“驿站或驿站的车马”。而古代的“信”有“凭证”的意思，这在“信”字条也可以查到。这两个意思都不很常用，所以你们理解起来有困难。这说明查字典也要有一定的基础，这基础需要你们在平时逐渐积累。

《古汉语虚词词典》

小李：陈老师，我觉得古汉语的虚词比实词还要麻烦，意思很灵活，不大好掌握。查古汉语虚词用什么词典好？

陈老师：这个问题提得好。上面说的字典词典里，都包括古汉语虚词。但除了查这些字典、词典外，还可以查古汉语虚词词典，如《古汉语虚词词典》（中国社会科学院语言研究所古代汉语研究室编，商务印书馆）等，那里的虚词收得更全，解释也更详细。这类词典查检没有困难，我不举例说明了。

和实词一样，虚词也是有时代性的。比如，“稍”，最早是“逐渐”的意思，后来才有“稍微”的意思。所以，《史记·项羽本纪》：“项王乃疑范增与汉有私，稍夺其权。”“稍”是“逐渐”的意思，不能理解为“稍微”。又如，表原因的连词“因为”出现得较晚，所以，在先秦作品中看到“因为”两个字连用，不能理解为表原因的“因为”。如：《韩非子·内储说上》：“卫嗣君之时，有胥靡逃之魏，因为襄王之后治病。”这是“于是替襄王之后治病”的意思，读作表原因的“因为”显然是读不通的。

查人名、地名、书名、职官名和典故

小张：陈老师，听了您的讲课，我对查找字词的读音和意义的方法大致明白了。但我们在读古书时，除了一般字词的音义以外，还碰到一些别的问题：有些古代人名、地名、书名、官名和典故也不好懂。这些能通过查字典解决吗？

陈老师：这些通过查一般的词典也能解决一些，但有些要查专门的工具书。

我先说查一般的词典。

《汉语大词典》有些条目是地名、职官名和典故。

比如，我们读《史记》，都知道项羽破釜沉舟大破秦军的事，这场战事发生的地点是钜鹿。《史记·项羽本纪》："项羽已杀卿子冠军，威震楚国，名闻诸侯。乃遣当阳君、蒲将军将卒二万渡河，救钜鹿。"那么，"钜鹿"是什么地方呢？

【钜鹿】1.古湖泽名。在今河北省巨鹿县北。……2.秦代县名。项羽破秦军处，在今河北省平乡县。……3.郡名。秦置，汉因之。唐名邢州，其地约当今河北省南自平乡任县至晋县藁城一带地区。……

通过查词典，我们可以知道项羽破秦军的钜鹿是在今天河北平山县，还知道了钜鹿除县名外还是湖泽名和郡名。

再如，我们读诸葛亮《出师表》，里面说："侍中、侍郎郭攸之、费祎、董允等，此皆良实，志虑忠纯。""侍中"是什么官呢?

【侍中】古代职官名。秦始置，两汉沿置，为正规官职外的加官之一。因侍从皇帝左右，出入宫廷，与闻朝政，逐渐变为亲信贵重之职。晋以后，曾相当于宰相。隋因避讳改称纳言，又称侍内。唐复称，为门下省长官，乃宰相之职。北宋犹存其名，南宋废。

查了这个条目，我们不但知道了在汉代（包括三国）时"侍中"这个官的性质，而且能知道这个官历代职责和名称的沿革。

有些典故在《汉语大词典》也能查到。如:

【杯弓蛇影】汉应劭《风俗通·怪神·世间多有见怪惊怖以自伤者》载：杜宣夏至日赴饮，见酒杯中似有蛇，然不敢不饮。酒后胸腹痛切，多方医治不愈。后得知壁上赤弩照于杯中，影如蛇，病即愈。《晋书·乐广传》等亦有类似记述。后因以"杯弓蛇影"比喻疑神疑鬼，自相惊扰。清纪昀《阅微草堂笔记·如是我闻四》:“况杯弓蛇影，恍惚无凭，而点缀铺张，宛如目睹。”清黄遵宪《感事》诗 :“金玦厖凉含隐痛，杯弓蛇影负奇冤。”咏簪《武昌两日记》:“当十八的那一天，武昌城里，风声鹤唳，杯弓蛇影，惊惊惶惶，比前几日更加厉害。”亦省作“杯蛇”。明归有光《与徐子与》:“以彼机穽可畏，不胜杯蛇之疑。”

这个条目告诉我们“杯弓蛇影”这个典故的出处、意思、后代人对此的运用，以及它的变式。

但是《汉语大词典》不收人名和书名。在另一部大型词典《辞源》里有人名和书名。

如：大家知道春秋时有名的晋楚城濮之战，晋军的主帅是先轸。这个名字，在《辞源》里能查到：

【先轸】公元前？一前 627 年。春秋时晋人。因采邑在原，又称原轸。在晋楚城濮之战中，打破楚军，佐晋文公称霸。公元前 627 年，败秦师于崤，俘秦孟明等三帅。后与狄人战，免胄入敌阵，战死。

通过这个词条，我们可以对先轸有更全面的了解。

有的时候，在古书里还有对两个或几个人的合称。比如“李杜”之李白和杜甫，或者指李商隐和杜牧，这我们比较熟悉。有一些我们不熟悉的，就需要查词典。如：

【南能北秀】南宗慧能，北宗神秀，是唐代佛教禅宗的两大禅师，同事东山寺僧弘忍（禅宗五祖）。慧能接受弘忍衣钵，传教于岭南，故称南能。弘忍死后，武则天征神秀入京，传教于北方，故称北秀。……

原来，这是指禅宗的两个大师。

《辞源》有些条目是书名，如《论语》《孟子》等，都有简要的介绍。有些书名我们不熟悉，就更需要去查找。

小王：是的。我读司马迁《报任安书》，里面有一句“不韦迁蜀，世传《吕览》”。我不知道《吕览》是什么书。

小张：我看的选本里注了，《吕览》就是《吕氏春秋》。可我不知道《吕氏春秋》为什么又叫《吕览》。

陈老师：（翻开《辞源》）你们看这一条：

【吕览】吕氏春秋的别称。以书中有有始、孝行、慎大、先识、审分、审应、离俗及恃君八览，故别称吕览。见“吕氏春秋”。

你们能明白吗？

小李：我还是有点不明白。“八览”是什么意思？

陈老师：（和蔼地说）《吕氏春秋》全书分十二纪，八览、六论，“纪”是全书的纲领，“览”是圣人览观万物之法，着重阐述吕氏的思想，“论”是杂论。今本《吕氏春秋》按纪、览、论的次序编排，但《史记·吕不韦列传》中说：“吕不韦乃使其客人人著所闻，集论以为八览、六论、十二纪，二十余万言。以为备天地万物古今之事，号曰《吕氏春秋》。”把“八览”放在最前面。所以司马迁称之为《吕览》。

小王：原来是这样！老师您说得真对，要看懂词典，真还得多积累一些知识。

其他文史工具书

陈老师：（看了看表）上面我们着重介绍了一些字典、词典。这是你们学习时主要查检的工具书。当然，学习古汉语还需要查其他的文史工具书，各种文史工具书也出了不少，对我们都很有用。但这些文史工具书有的专业性较强，你们或许一时还用不上。所以，下面只作一个简单的介绍，等你们有需要时，特别是知识积累得更多一点的时候，可以去使用。

首先是成语词典。上面说《汉语大词典》里也有一些成语条目，但更多的成语要查成语词典。现在各种小型、中型、大型的成语词典都有，你们可以用中型的，比如《新华成语词典》

（商务印书馆辞书研究中心编，商务印书馆）。如果有的条目在中型成语词典里查不到，再去查大型成语词典。

成语有两点需要注意：一是成语很多是古代形成的，所以里面的词是古代的意义。如“金城汤池”，“金”是金属，不是黄金；“城”是城墙，不是城市；“汤”是热水，不是菜汤；“池”是护城河，不是池塘。四个字的意义都和现在常用的不同。不过，也有的成语用了后来的词，如“刻舟求剑”，出自《吕氏春秋·察今》：“楚人有涉江者，其剑自舟中坠于水，遽契其舟曰：……”本来是“契”字，成语却用了“刻”字。这是语言的变化。而有的成语和出处的意思不同。如“朝三暮四”，意思是反复无常。这个典故出自《庄子·齐物论》：“狙公赋芧，曰：‘朝三而暮四。’众狙皆怒。曰：‘然则朝四而暮三。’众狙皆悦。”其实《庄子》原文没有反复无常的意思。这也是约定俗成的。

小王：陈老师，成语的形式是否也可以有变化？

小李：我觉得是有的。上面陈老师说的“破釜沉舟”是一个成语，但我看到古书上有的作“沉舟破釜”。

陈老师：“破釜沉舟”这个成语出自《史记·项羽本纪》，可是《史记·项羽本纪》的原文是：“项羽乃悉引兵渡河，皆沉船，破釜甑，烧庐舍，持三日粮，以示士卒必死，无一还心。”所以后来也有人把这个典故写作“沉船破釜”或“沉舟破釜”，这是可以的。这种历史上的使用情况，我们需要了解，不能说古人用错了。不过，今天我们作为成语使用，还是应该用大家习惯的固定形式“破釜沉舟”，不要随便改变。

（停了一停，接着说）下面介绍查人名、地名、书名的工具书。

查人名的有《中国历代人名大辞典》（张撝之等主编，上海古籍出版社）。

人名有古今同名的。如晋朝有写《陈情表》的李密，隋末有瓦岗军的首领李密。

古人有名，有字，有号。如杜甫，字子美，自称“少陵野老”，人称“杜少陵”。后人又称他为“杜工部”，这是以官名相称（杜甫曾被授予工部员外郎）。又如韩愈，后人称之为“韩昌黎”，这是以地望相称（韩姓是昌黎的望族）。古人这种复杂的称谓，我们应当注意。

查地名的有《中国古今地名大词典》（戴均良主编，上海辞书出版社）。

古代的地名要注意有个历史沿革问题。如战国时的金陵，秦代改为秣陵，三国吴建都于此，改称建业，晋改名建康，隋改为丹阳郡，唐置江宁郡，北宋称江宁府，南宋成建康府，明称应天府，后又称南京，清称江宁府。就是今天的南京，这是同地异名。

还有同名异地，即同一个地名，在历史上是不同的地方。

如：楚始封于丹阳，是今湖北秭归，后来迁都到今湖北枝江县西，仍称丹阳。秦时的丹阳是今安徽当涂县附近，唐代的丹阳在今丹阳市。

地名还有别称，如“姑苏”是苏州的别称，“维扬”是扬州的别称。

查书名的最主要的有著名的《四库全书总目》，这是清乾隆时官修的，收了一万多种书（其中收入《四库全书》的3400多种，未收入《四库全书》的存目6700多种）。中国古代的书按经史子集四个大类，《四库全书总目》就是按着四大类排列的，每个大类下面各分若干小类。这个分类法你们不熟悉。中华书局1965年出版的《四库全书总目》附有四角号码索引，可以比较容易地查到书名。不过查到了书名以后，下面的提要不大好读，你们只要能看懂此书的作者和时代就可以了。

《四库全书总目》不收小说和戏曲，所以，《水浒传》《三国演义》《琵琶记》等在里面查不到。要查古代的小说戏曲，就要用别的工具书，今天就不介绍了。

在讲了这些字典、词典和文史工具书之后，还得向大家说明一点。任何一本工具书都不可能是十全十美的。字典、词典和文史工具书也会有错误，所以出版若干年后都要修订。所以，我们在使用字典、词典和其他文史工具书的时候，要取一种分析的态度，不能认为字典、词典和工具书上说的全都是对的，这样才能更好地发挥工具书的作用。

（讲到这里，亲切地看了看三个学生，语重心长地说）同学们，我们的古代汉语讲座到此结束了。但对于我们学习古代汉语的整个过程来说，这仅仅是一个开始。我们在讲座中讲的，都是一些初步的最基本的东西，所起的作用是帮助大家入门。入了这个门以后，大家还会碰到许许多多的问题，还需要不断地刻苦学习，求得解决。学问是没有止境的，学习也永远没有到头的时候。这就算是我们古代汉语讲座的结束语吧。（三个学生都以热烈的掌声表示对陈老师的感谢）

小张：（激动地说）陈老师，我们一定努力学习，掌握古汉语这个有用的工具，提高自己的文化素养，并且让我国光辉灿烂的古代文化发扬光大！

练习题

（一）查《古汉语常用字字典》，说明下列句子中带△的词的读音和意义。

1.《孟子· 公孙丑上》："宋人有闵其苗之不长而揠之者，芒芒然归。谓其人曰：'今日病△矣，予助苗长矣。'"

2.《史记· 曹相国世家》："高祖三年，拜为假△左丞相。"

3.《诗经· 邶风· 静女》："自牧归△荑，洵美且异。匪女△之为美，美人之贻。"

4.《庄子·天运》：“今取猨狙而衣以周公之服，彼必挽裂，尽去而后慊。”

（二）说明下列双音词的读音和意义。

1. 感激

2. 逆旅

3. 臧否

4. 委蛇

（三）说明下列成语的出处和读音、意义。

1. 革故鼎新

2. 病入膏肓

3. 出生入死

4. 身无长物

练习题答案

第二讲练习题答案

（一）

1.“荷”是“何”的区别字。“何”的本义是“担、扛”，后又假借为疑问代词。为了区分本义和假借义，借“荷”字（本义是荷花）表示“担、扛”之义。

2.“彫”是“凋”的假借字。凋落本应作“凋”，“彫”的本义是彫琢，借“彫”来表示凋落。

3.“燃”是“然”的累增字。“然”的本义是燃烧，后假借为指示代词，于是另造“燃”字表示“燃烧”义。

4.“曝”是“暴”的累增字。“暴”的本义是暴晒，后引申为暴露，于是另造“曝”字表示暴晒。

5.“娶”是“取”的区别字。“取”的本义是获取，引申为娶妻。为了区分本义和引申义，另造“娶”字表示“娶妻”义。

6.“謕”是“啼”的异体字。

7.“邀”是“要”的区别字。“要”的本义是腰，引申为邀请。为了区别本义与引申义，借“邀”字（本为“徼”的异体字）表示“邀请”义。

8.“慼”是“戚”的区别字。“戚”的本义是斧一类的武器，假借为忧戚的戚。为了区别本义与假借义，另造“慼”表示“忧戚”义。现在简化字为“戚”。

（二）

1. 陆离，双声联绵字，长的样子。崔嵬，叠韵联绵字，高的样子。

2. 滑稽，双声联绵字，善辩的样子。

3. 落魄，叠韵联绵字，不得志的样子。

4. 狼藉，散乱的样子。

（三）

1. 第一个“恶”音 wù，动词，厌恶。第二个“恶”音 è，形容词，不好的。

“臭”音 xiù，气味。

第一个“好”音 hào，动词，喜欢。第二个“好”音 hǎo，形容词，美好的。

2.“施”音 yì，延伸。

3.“番”音 pó，通“皤”。皤皤，头发白的样子。

4.“乞”音 qì，给予。

5.“逢”字是象声字，读 péng。

第三讲练习题答案

（一）

1. 爱：吝惜。与现代“爱护”义不同。

2. 寡：古代女子丧夫和男子丧妻都叫寡。这里是男子丧妻。与现代只指女子丧夫不同。

3. 遭：遇到。古代“遭”是中性的，既可指遭到灾祸，也可指遇到吉庆。与现代只用于贬义不同。

4. 除：任（官职）。与现代“除去”的意义不同。不要误解为“免除我洗马之职”。

5. 处分：处置，安排。与现代“处罚”的意义不同。

6. 货：动词，卖。现代只作名词“货物”用。售：卖出去。现代一般和“卖”同义。

（二）

1.a. 假借义。假借为“姑”（姑且）。

b. 引申义。坚决。

c. 本义。险固的地方。（从囗，古声。）

d. 引申义。顽固。

“固”的引申关系是：险固的地方 ↗ 顽固 ↘ 坚决

2.a. 本义。出嫁。（繁体字作歸，从止从婦省，自 声。）

b. 假借义。假借为“馈”，赠送食品。

c. 引申义。归还。

d. 引申义。回家。

“归”的引申关系是：出嫁→回家→归还。

3.a. 假借义。假借为“伺”，伺候，等着。

b. 本义。季节。（从日，寺声。现代称“四季”，古代称“四时”)。

c. 引申义。按时。

d. 引申义。时机。

e. 引申义。时候。

“时”的引申关系是：季节→时候→时机
　　　　　　　　　　　　　　　→按时

4.a. 本义。言语真实。(从人从言。)

b. 引申义。相信。

c. 假借义。假借为“伸”。

d. 引申义。确实。

e. 引申义。有信用。

“信”的引申关系是：言语真实→有信用
　　　　　　　　　　　　　　→相信
　　　　　　　　　　　　　　→确实

第四讲练习题答案

(一)

1.“难”，形容词意动。“免”，动词使动。

2.“高、美、贵”，形容词意动。“坚、富”，形容词使动。

3.“智、愚、巧、拙”，形容词意动。意思是说：“认为自己聪明而认为别人愚蠢；认为自己巧妙而认为别人笨拙。”(“自”是“智”“巧”的宾语。)

4.“入”，动词使动。意思是“不要使相国产入殿门。”

5.“危也”“安也”的“危、安”是形容词使动。后面省略了宾语“之”。等于说“安可危之也，危可安之也。”

6.“朝、降”，及物动词使动。意思是：使夜郎朝见（汉朝），使羌僰投降（汉朝）。“美”是形容词意动。

7.“生、存”，动词使动。意思是：使死者生，使亡者存。“羞”，形容词意动。意思是：以伐其能为羞。

8.“尔汝”是代名词用作动词。意思是：称之为尔汝。（古代当面称之为“尔汝”是很不礼貌的。）

9.“外、父（第一个“父”，下同）、君、事、夷（第二个“夷”，下同）、中国”，名词用作动词。它们的意义分别是：放在一边，当作父亲对待，当作君主对待，从事，当作夷族对待，当作中国（中原之国）对待。

10.“铛、石、块、砾”，名词用作动词。它们的意义分别是：（被）当作铛（锅）；（被）当作石头；（被）当作土块；（被）当作瓦砾。

（二）

1.“山”“谷”是名词作状语，表示处所。

2.“马”是名词作状语。“马食之”即“像喂马一样喂他”。

3.两个“众士”、两个“国士”都是名词作状语。“众士遇我”即“像对待众士一样对待我”；“众士报之”即“以众士的身份报答他”。“国士遇我”和“国士报之”同上。

4.“云、响、景”是名词作状语。“云集”即“像云一样集拢来”（形容归附的人多而且快）；“响应”即“像回声一样应和”；“景从”即“像影子一样跟从”。

第五讲练习题答案

（一）

1. 骤，副词，屡次。现代汉语中也是副词，但义为“突然”。

2. 偏，副词，最，特别。现代汉语中也是副词，但义为“偏偏”（表示出乎意外）。

3. 方，副词，将。现代汉语中也是副词，但义为“正在”。

4. 属：副词，刚刚。现代汉语中为动词，“属于”。

5. 即，连词，如果。现代汉语中为副词，“即将”。

6. 把，动词，握着。现代汉语中一般为介词。

（二）

1. 如，通“而”。

2. 唯，通“虽”。

3. 即，通“则”。

4. 而，通“则”。

（三）

1. 形容词词尾。

2. 指示代词，“这个”。

3. 连词，“如果”。

4. 人称代词，“他的”。

5. 连词，“或者”。

6. 人称代词。“你的”。

第六讲练习题答案

（一）

1.a. 第一个“之”是助词。连接定语与中心语。第二个“之”是助词，用来取消句子独立性。

b. 第一个“之”是代词，代“檀”。第二个“之”是助词，连接定语与中心语。

c. 第一个“之”是助词。第二个“之”是代词，代“四海之内”的人。第三个“之”是代词，用来复指前置的宾语。“四海之内共利之之谓悦”，等于说“谓四海之内共利之为悦。”全句的大意是：“四海之内的人都能使之得利，这就叫悦。”“共给之之为安”结构同上。“为”通“谓”。

d. 第一个“之”是动词，到……去。第二个“之”是代词，“久之”表示相当长的一段时间。

2.a. 语气词，表示反问。可译为“难道”。

b. 语气词，表示推测。可译为“大概”。

c. 副词，表示将要。可译为“将”。

d. 语气词，表示命令。

3.a. 语气词，表示停顿。和“也”配合，用以解释原因。

b. 语气词，表示“像……的样子”。

c. 代词，表示大范围中的小范围。“始皇所封书赐公子扶苏者”，可译为“始皇所封的赐给公子扶苏的信”。

d. 语气词，表示假设。

4.a. 连词，连接两个名词性谓语。“非诸侯而何”，可译为“不是诸侯（的事情）又是什么呢？”

b. 第一个“而”连接主语和谓语，可译为“如果”。第二个“而”连接两个动词词组，不用翻译出来。

c. 连词，连接状语和中心语。

d. 连词，连接主语和谓语，可译为“还”“却”。

（二）

1. 所以事大：用来侍奉大国的东西。所以保小：用来使小国安定的东西。

2. 所为有兵者：有兵的原因。

3. 所死：即“所以死”，死的原因。

4. 秦所使蒙恬所夺匈奴地者：秦派遣的蒙恬从匈奴那里夺取的土地。

5. 所以为慎夫人：用来对待慎夫人的做法。所以祸之：用来害她的办法。

第七讲练习题答案

（一）

1. 不是判断词。“是”是指示代词，作主语。

2. 不是判断词。“是”是指示代词，作谓语。

3. 不是判断词。“是”是指示代词，作主语，

4. 是判断词。

（二）

1. 是判断句。

2. 不是判断句。“一”是形容词，同样的。

3. 不是判断句。谓语是动词性的。

4. “臣工人”是判断句。

5. 判断句。“离忧”虽是动宾词组，但主语与谓语是同一性的，所以是判断句。

6. 是判断句，“此”是主语，“夫……者”是名词性谓语，用“也”煞尾。

（三）

1. “倦于事”“愦于忧”是被动句。“沉于国家之事”“开罪于先生”不是被动句。

2. 不是被动句。“为戒”“为止”“为迟”的“为”都是“为之（因此）”的意思。

3. 是被动句。“见以为”即“被认为”。

4. 不是被动句。“被”是动词，“蒙受”的意思。

5. 是被动句。“见疑”即“被怀疑”，“为凤所陷”即“被凤陷害”。

6. 不是被动句，“见恕”等于说“原谅我”。

第八讲练习题答案

（一）

1. “莫我知”是动词宾语前置；“何为”是介词宾语前置。

2. “奚自”是介词宾语前置。

3. “无贿之难”和“立而无令名之患”是动词宾语前置。意思是：“难无贿”和“患立而无令名”。

4.“唯子之见”和“未之有”是动词宾语前置。前一个“之”是复指前置的宾语“子”的；后一个“之”是前置的宾语。

5.“莫之媒”和“是之喜”是动词宾语前置。前一个“之”是前置的宾语（指“闾娵子奢”）；后一个“之”是复指前置的宾语“是”（“是”即“嫫母力夫”）。

6.“不吾衣食”和“不我内门”是动词宾语前置。（“不我内门”即“不内我于门”。）

7.“孰为”是介词宾语前置；“孰令”是动词宾语前置。

8.“汝嫌”是动词宾语前置。

（二）

1. 不是。“一羽”是主语，“不举”是谓语，“之”是用于取消句子独立性的。“舆薪之不见”同。（比较下文“百姓之不见保，为不用恩焉”可知。）

2. 不是。“死”是主语，比较下面“卮酒安足辞”可知。（“卮酒”也是主语。）

3. 不是。“何”是“富贵”的定语。

4. 是。“麋鹿”是介词宾语，“与”是介词。“之”复指前置的介词宾语。“猨狖之与居”同。

第九讲练习题答案

（一）

1. 欲以（之）为君。

2. 以（之）为奇；窃载与（之）之齐。

3. 请奉盆缶（于）秦王。

4. 又不能治生（以）商贾。

5.（徒人费）走，出，遇贼于门。（贼）劫而束之。费曰："我奚御哉？"袒而示之背。（贼）信之。费请先人。伏公而出，斗，死于门中。

6. 且夫楚唯无强，（强则）六国立者复挠而从之。

（二）

1. 插入。"乃为佗亲冢——在真定——置守邑。"

2. 合叙。"作奸犯科者""论其刑"，"为忠善者""论其赏"。

3. 互文。"珠玉"和"罗绮"都"艳暮秋"和"娇上春"。

4. 连及。藿（豆叶）并不倾太阳，因"葵"而连及。

（三）

1. "取长陵一抔土"是"盗长陵墓"的委婉说法。

2. "竹帛"是"书册"的代称，是以原料代事物。

3. "不惑"指"四十岁"，是割裂《论语·为政》"三十而立，四十而不惑"的文意而来的。

4. "羽毛"是鸟的代称。是以部分代全体。

第十讲练习题答案

（一）

1. 病：bìng，筋疲力尽。

2. 假：jiǎ，代理的。

3. 归：kuì，通“馈”，赠送。女：rǔ，你。

4. 猨：yuán，同“猿”。慊：qiè，满足，快意。

（二）

1. 感激：gǎn jí，（1）感动奋发。（2）激发。（3）感谢。

2. 逆旅：nì lǚ，迎客止宿之处。

3. 臧否：zāng pǐ，（1）善恶，得失。（2）褒贬人物。

4. 委蛇：wēi yí，（1）从容自得的样子。（2）弯曲绵延的样子。（3）随和应付的样子。（4）曲折前进，斜行。

（三）

1.gě gù dǐng xīn，革除旧的，创建新的。出于《周易·杂卦》：“革，去故也；鼎，取新也。”

2.bìng rù gāo huāng，病情险恶无法医治。出于《左传·成公十年》：“公疾病，求医于秦。秦伯使医缓为之。未至，公梦疾为二竖子，曰：‘彼良医也，惧伤我，焉逃之。’其一曰：‘居肓之上，膏之下，若我何？’医至，曰：‘疾不可为也，在肓之上，膏之下，攻之不可，达之不及，药不至焉，不可为也。’”

3.chū shēng rù sǐ，用以形容冒生命危险，随时有死的可能。出于《老子》：“出生入死，生之徒十有三，死之徒十有三。”原指从出生到死去。

4.shēn wú cháng wù（旧读shēn wú zhàng wù），长物：多余的东西。出于《世说新语·德行》："〔王恭〕对曰：'丈人不悉恭，恭作人无长物。'"后以"身无长物"形容极其贫穷。